Séptima Edición
Cuaderno de actividades

Repase y escriba

Curso avanzado de gramática
y composición

Thomas G. Allen
University of Wisconsin Oshkosh

WILEY

VICE PRESIDENT AND PUBLISHER	Laurie Rosatone
SPONSORING EDITOR	Elena Herrero
ASSOCIATE EDITOR	Maruja Malavé
SENIOR PRODUCT DESIGNER	Tom Kulesa
EXECUTIVE MARKETING MANAGER	Jeffrey Rucker
MARKETING MANAGER	Kimberly Kanakes
MARKET SPECIALIST	Glenn Wilson
SENIOR PRODUCTION EDITOR	Anna Melhorn
SENIOR DESIGNER	Thomas Neri
SENIOR PHOTO EDITOR	Felicia Ruocco
DESIGN DIRECTOR	Harry Nolan
COVER PHOTO CREDIT	© Anthony Arendt/Alamy Limited
COVER DESIGNER	Wanda Espana

This book was set in Times Roman by PreMediaGlobal and printed and bound by Courier Kendalville.

This book is printed on acid free paper. ∞

Founded in 1807, John Wiley & Sons, Inc. has been a valued source of knowledge and understanding for more than 200 years, helping people around the world meet their needs and fulfill their aspirations. Our company is built on a foundation of principles that include responsibility to the communities we serve and where we live and work. In 2008, we launched a Corporate Citizenship Initiative, a global effort to address the environmental, social, economic, and ethical challenges we face in our business. Among the issues we are addressing are carbon impact, paper specifications and procurement, ethical conduct within our business and among our vendors, and community and charitable support. For more information, please visit our website: www.wiley.com/go/citizenship.

Evaluation copies are provided to qualified academics and professionals for review purposes only, for use in their courses during the next academic year. These copies are licensed and may not be sold or transferred to a third party. Upon completion of the review period, please return the evaluation copy to Wiley. Return instructions and a free of charge return shipping label are available at: www.wiley.com/go/returnlabel. Outside of the United States, please contact your local representative.

ISBN: 978-1-118-50933-3

Printed in the United States of America

10 9 8 7 6 5 4 3

CONTENTS

INTRODUCTION: TO THE STUDENT

This workbook has been revised especially for the seventh edition of *Repase y escriba*. It offers considerable additional practice on the readings, grammar, lexical items, and writing activities presented in the textbook. If you complete the workbook exercises with care, you will significantly enhance your active knowledge of the textbook's materials.

The workbook's fourteen chapters correspond, thematically, lexically and grammatically, to the fourteen in the main text. Each chapter reflects the text's four-part chapter structure: I. *Lectura*, II. *Sección gramatical*, III. *Sección léxica*, and IV. *Para escribir mejor*.

Activities using vocabulary taken from the reading that introduces each chapter of the textbook are grouped only in the *Lectura* section of the corresponding chapter of the workbook. This means that you need not be familiar with the newly presented vocabulary before being able to complete the activities in the rest of any particular chapter of the workbook.

Many exercises are serious and to the point, some are more whimsical, and others are open-ended. Some offer practice reviewing orthography and verbal forms, others are contexualized, while others ask for answers based upon your personal experience. The varied content is intended to help keep things fresh and more interesting for you. In the final analysis, of course, you will learn the most when you become your own instructor.

To help you do this, there is an answer key at the end of the workbook that provides the answers to all exercises except for those that ask you to write creatively. Do not refer to the answer key, however, until after you have completed any particular exercise. Striving to provide the appropriate responses on your own is much more beneficial than relying on the answer key to guide your efforts. Your instructor may wish to correct the workbook's more creative sections, which provide you the opportunity to synthesize the material that you have practiced in the more structured activities.

The content of the workbook exercises does not repeat, but rather complements, that of the main text. For this reason, you may do many of the workbook activities before, at the same time, or after you complete exercises in the textbook. The wise procedure is to vary your approach from lesson to lesson. It is my sincere hope that you enjoy using the workbook.

The author is thankful to the following people for their important support and assistance in the development of this workbook: Professor María Canteli Dominicis, the author of the main text, and Maruja Malavé at John Wiley & Sons, Inc.

TGA

RECUERDOS DE LA NIÑEZ

1.1 | L E C T U R A |

«La I latina» (José Rafael Pocaterra)

A **Un resumen.** *Complete el párrafo siguiente con los vocablos presentados a continuación.*

a poco	daban mucho que hacer	forrados	predilecto
a ratos	de duelo	gordinflón	punzaba
acallar	desmirriada	horqueta	resueltamente
acobardados	dulzura	malcriados	se dio a
aguados	empellón	mendigaba	se propuso
agudo	en chirona	palabrotas	se sonaba
apenas	en voz alta	palpó	tambaleante
buscar pleito	envoltorios	penacho	tinajero
clavada	espacios	pésames	tullido
condiscípulos	feúcas	piel	urna

Escandalizada de que su nieto siguiera sin preparación a los siete años, la abuela

del niño (**1**) _____ buscarle una maestra. La madre no quería mandarlo

a la escuela, pero la abuela siguió su idea (**2**) _____ y consiguió unos

(3) _____ que contenían todo lo que él necesitaba para asistir a la escuela.

El niño se animó por la posibilidad de leer los libros (4) _____ de

(5) _____ de la biblioteca de su tío. Los (6) _____

del chico eran tres chicas (7) _____, un (8) _____ que

(9) _____ a los otros niños con un lápiz (10) _____ y otro

niño flaco que murió (11) _____. Cuando los estudiantes le

(12) _____ a la Señorita y eran (13) _____, la Señorita los

amenazaba con la intervención de su hermano Ramón María, quien los tenía

(14) _____. El hombre tomaba mucho y a menudo entraba

(15) _____ en casa con los ojos (16) _____, soltando

(17) _____ que la Señorita trataba de (18) _____. El niño

llegó a ser el (19) _____ de su maestra a pesar de que sus compañeros

de clase lo acusaban de (20) _____ y de otras travesuras (*naughtiness*).

Para aprender las letras, el niño las visualizó como personas u objetos: la Y griega

era una (21) _____, la Señorita alta y (22) _____ era la I

latina, la Ñ era un tren con su (23) _____ de humo y la S era un

(24) _____ que (25) _____ los domingos. Una tarde

Ramón María llegó a casa muy borracho, pero cuando la Señorita trató de ayudarlo,

él le dio un (26) _____ tan fuerte que la mujer se dio con el

(27) _____. Esto les pareció gracioso a los niños hasta que una de las

Rizar (28) _____ una mancha en los ladrillos y se dio cuenta de que la

frente de la Señorita estaba sangrando. Las cosas fueron de mal en peor. Metieron a

Ramón María (29) _____ y más tarde el hermano

(30) _____ vender la casa y la Señorita tuvo que acudir a un abogado.

La maestra se distraía por largos (31) _____ durante las lecciones, luego

las continuaba con una voz que parecía un gemido. La Señorita se enfermó gravemente

y murió poco después. El niño, vestido (32) _____, asistió al funeral de

su antigua maestra y (33) _____ reconoció la casa. Cuando vio a la

Señorita en una (34) _____ blanca y larga, recordó haberla asociado con

la I latina. (35) _____ durante el funeral Ramón María recibía los

(36) _____, luego volvía a sentarse, (37) _____ y repetía

(38) _____ que parecía que su hermana estaba dormida. El entierro

inquietó al niño, quien tenía la idea de la muerte (39) _____ en el

cerebro, pero su abuela trató de distraerlo, contándole historias de su juventud,

mirándolo con sus ojos llenos de (40) _____.

B **Asociaciones.** *Escoja la palabra o frase que no tenga relación con las otras dos.*

		a	b	c
1.	_____	agudo	afilado	flaco
2.	_____	desmirriada	desarreglada	con poca gracia
3.	_____	de vez en cuando	a ratos	a menudo
4.	_____	ardiente	nuevo	flamante
5.	_____	indicado	listado	de rayas
6.	_____	palpar	batir	tocar
7.	_____	gastado	cubierto	forrado
8.	_____	acallar	silenciar	estacionar
9.	_____	tropezarse	dedicarse a	darse a
10.	_____	provocar	buscar pleito	fomentar

11.	_____	dar mucho que hacer	portarse mal	atarear
12.	_____	rezar	murmurar	rezongar
13.	_____	chirona	pozo	cárcel
14.	_____	mendigar	errar	pedir limosna
15.	_____	consentido	malcriado	ignorante
16.	_____	lentamente	decididamente	resueltamente
17.	_____	con miedo	acobardado	acogido
18.	_____	cántaro	cuero	piel
19.	_____	tropezón	empujón	empellón
20.	_____	familiares	de casa	sirvientes
21.	_____	por poco	a poco	al poco tiempo
22.	_____	paralítico	cortado	tullido
23.	_____	holgazán	regordete	gordinflón
24.	_____	casi no	improbable	apenas
25.	_____	ofensivamente	persistentemente	tenazmente
26.	_____	ataúd	urna	tiesto
27.	_____	desvío	envoltorio	paquete
28.	_____	favorito	predilecto	elegido
29.	_____	libre	manuscrito	escrito a mano
30.	_____	teñido	estirado	manchado
31.	_____	compañero de clase	condiscípulo	conspirador

32.	_____	decidir	indicar	proponerse
33.	_____	pinchar	punzar	apestar
34.	_____	rojo	azafranado	suave
35.	_____	declamar	acusar	denunciar
36.	_____	de luto	de gala	de duelo

1.2 SECCIÓN GRAMATICAL

¿Pretérito o imperfecto?

A **Formas ortográficas: el pretérito.** *¿Recuerda Ud. las siguientes formas del pretérito? Escríbalas usando el sujeto indicado.*

VERBO	FORMA	VERBO	FORMA
1. dar (nosotros)		**11.** empezar (yo)	
2. querer (yo)		**12.** ir (él)	
3. dormir (él)		**13.** venir (nosotros)	
4. seguir (usted)		**14.** cargar (yo)	
5. estar (ellos)		**15.** poner (tú)	
6. poder (tú)		**16.** tener (ellas)	
7. pedir (ella)		**17.** traer (él)	
8. ser (yo)		**18.** marcar (yo)	
9. leer (ustedes)		**19.** hacer (ellos)	
10. decir (nosotros)		**20.** oír (usted)	

B **El pretérito: Un susto.** *Complete la narración llenando los espacios en blanco con el infinitivo o la forma adecuada del pretérito de los verbos que se dan entre paréntesis.*

Un día de verano mi hermano Luis y yo **1.** (despertarse) _____ y

2. (levantarse) _____ tarde como de costumbre. Después de

3. (bañarse) _____ y **4.** (vestirse) _____,

5. (desayunar) _____ y **6.** (salir) _____ de la

casa para **7.** (ir) _____ a un bosquecito que estaba cerca. Al pasar

entre los altos árboles, de repente **8.** (oír) _____ un ruido muy

extraño y **9.** (decidir) _____ enterarnos de lo que pasaba.

10. (Acercarse) _____ al centro del bosque, pero **11.** (tener)

_____ que **12.** (detenerse) _____ por el miedo

que nos **13.** (entrar) _____. Allí delante **14.** (ver) _____

algo que parecía una astronave. En ese momento, la astronave **15.** (comenzar)

_____ a despegar. Al principio nosotros **16.** (sentir)

_____ curiosidad por saber lo que iba a pasar, pero luego yo

17. (acordarse) _____ de los supuestos casos de gente secuestrada

por extraterrestres y, por eso, **18.** (dar) _____ media vuelta y

19. (empezar) _____ a correr a toda prisa. Luis **20.** (espantarse)

_____ también y me **21.** (seguir) _____, pálido y

asustado. Por fin, yo **22.** (llegar) _____ al borde del bosque y mi

hermano no **23.** (demorar) _____ tampoco en llegar.

24. (Detenerse) _____ a recobrar el aliento y **25.** (esperar)

_____ allí unos diez minutos para asegurarnos de que los extra-

terrestres no nos persiguieran. Luego Luis y yo **26.** (echarse) _____

a correr para la casa, resueltos a no volver jamás a ese bosque. Y no **27.** (volver)

_____, ni le **28.** (decir)_____ a nadie lo que

29. (presenciar) _____ aquella mañana.

C **El imperfecto: Recuerdos de la niñez.** *Complete la siguiente narración llenando los espacios en blanco con el infinitivo o la forma adecuada del imperfecto de los verbos que se dan entre paréntesis.*

Cuando mi hermano Luis y yo **1.** (ser) _____ niños,

2. (divertirse) _____ mucho durante los veranos. En aquel

entonces **3.** (vivir) _____ en las afueras de un pueblito que

4. (llamarse) _____ San Lucas y **5.** (pasar) _____

horas jugando en los campos que **6.** (rodear) _____ el lugar.

7. (Haber) _____ mucho que **8.** (hacer) _____:

9. (ir) _____ con frecuencia a la única dulcería del pueblo y

10. (ver) _____ a muchos de nuestros amigos. Como no

11. (asistir) _____ a la escuela, a menudo **12.** (olvidarse)

_____ de la hora y a la hora de comer mamá o papá **13.** (tener)

_____ que salir a buscarnos. Claro, esas veces nos **14.** (reñir)

_____, pero **15.** (entender) _____ que, por

ser jóvenes, lo que nosotros **16.** (hacer) _____ **17.** (ser)

_____ natural. Por las noches **18.** (sentarse) _____

con nuestros padres a **19.** (hablar) _____ mientras **20.** (ponerse)

_____ el sol y **21.** (empezar) _____ a

brillar las hermosas estrellas. Más tarde, Luis y yo **22.** (prepararse) _____

para dormir y **23.** (acostarse) _____ bien cansados, pero

también ansiosos por experimentar las aventuras del día que vendría.

D **El pretérito y el imperfecto: ¿Cuál y por qué?** *Decida si las siguientes frases deben traducirse al español usando el pretérito o el imperfecto, e indique por qué. Luego tradúzcalas al español.*

1. As a child, Martín would often visit his cousins in Salamanca.

¿P o I? _____ ¿Por qué? _____

Traducción:_____

_____

2. Isabel needed to buy a new dress to wear to the party.

¿P o I? _____ ¿Por qué? _____

Traducción: _____

_____

3. I didn't go to bed until very late last night.

¿P o I? _____ ¿Por qué? _____

Traducción:_____

_____

4. Poor Samuel had to work the entire weekend.

¿P o I? _____ ¿Por qué? _____

Traducción: _____

_____

5. Don Anselmo knew all his neighbors and always greeted them.

¿P o I? _____ ¿Por qué? _____

Traducción:_____

_____

6. I found out about the accident only after reading about it in the newspaper.

¿P o I? _____ ¿Por qué? _____

Traducción:_____

_____

7. Marta refused to go with us to the movies.

¿P o I? _____ ¿Por qué? _____

Traducción: _____

_____

8. Because of the storm, we couldn't go to the beach that day.

¿P o I? _____ ¿Por qué? _____

Traducción: _____

_____

9. Alicia studied every night and always knew the answers in class.

¿P o I? _____ ¿Por qué? _____

Traducción: _____

_____

10. When I was young, I wanted to be a policeman.

¿P o I? _____ ¿Por qué? _____

Traducción: _____

_____

E **El pretérito y el imperfecto: ¡Qué alivio!** *Complete las siguientes oraciones con la forma apropiada (pretérito, imperfecto o infinitivo) del verbo indicado entre paréntesis.*

Cuando Luis **1.** (llegar) _____ a la escuela la semana pasada,

2. (querer) _____ recordar las cosas que **3.** (creer)

_____ que **4.** (ir) _____ a **5.** (tener) _____

que saber para el examen de español que **6.** (tener) _____ esa

mañana a las diez. Le **7.** (parecer) _____ que hacía horas que

8. (él, preocuparse) _____, cuando por fin **9.** (llegar)

_____ la hora del examen. Luis **10.** (sentarse) _____

con sus compañeros de clase, **11.** (sacar) _____ papel y lápiz y

12. (mirar) _____ con miedo a su maestro, quien en ese momento

13. (repartir) _____ el examen entre los estudiantes. Las

manos le **14.** (temblar) _____ al pobre chico cuando

15. (recibir) _____ la prueba, y al principio no **16.** (poder)

_____ leer ni la primera pregunta porque **17.** (dudar) _____

que pudiera entenderla. Él **18.** (pasar) _____ unos minutos de pánico,

pero entonces le **19.** (parecer) _____ que **20.** (ser) _____ mejor

empezar el examen inmediatamente para **21.** (limitar) _____ su tormento, y

22. (abrir) _____ los ojos. **23.** (Leer) _____ la primera

pregunta y **24.** (sentirse) _____ muy aliviado: ¡él **25.** (saber)

_____ contestarla!, y lo **26.** (hacer) _____. **27.** (Seguir)

_____ escribiendo hasta que **28.** (terminar) _____

el examen. Se lo **29.** (dar) _____ al maestro y cuando **30.** (salir)

_____ del salón de clase **31.** (preguntarse) _____ por qué

había dudado de sus habilidades. Por fin **32.** (comprender) _____

que no **33.** (haber) _____ nada que temer excepto el temor mismo.

F **El pretérito y el imperfecto: Tonterías invernales.** *Complete las siguientes oraciones con la forma apropiada (presente, pretérito, imperfecto o infinitivo) del verbo indicado entre paréntesis.*

De niña, me **1.** (gustar) _____ muchísimo el frío y la nieve del

invierno. Mis hermanos y yo **2.** (pasar) _____ días enteros jugando

fuera; nos **3.** (encantar) _____ construir fortalezas y lanzarnos

bolas de nieve, y no **4.** (dejar) _____ de **5.** (divertirse)

_____ hasta que mamá nos **6.** (llamar) _____

para **7.** (poner) _____ fin a nuestras actividades. Un día de invierno, sin embargo, yo **8.** (hacer) _____ una cosa bastante estúpida. Mis

hermanos y yo **9.** (estar) _____ en el patio, donde **10.** (haber)

_____ una linterna montada sobre un poste de metal. No **11.** (saber)

_____ en qué **12.** (estar) _____ pensando, pero

13. (decidir) _____ tocar el poste con la lengua. Así que la **14.** (sacar)

_____, pero claro, cuando la **15.** (poner) _____

en contacto con el poste, se me **16.** (quedar) _____ pegada por

el frío y ¡yo **17.** (encontrarse) _____ atrapada! **18.** (Querer)

_____ librarme del poste, pero no **19.** (poder) _____.

20. (Tener) _____ miedo de **21.** (estar) _____ así hasta

la primavera y **22.** (empezar) _____ a **23.** (gritar) _____.

Afortunadamente, mi hermano Luis, quien **24.** (ser) _____ un poco

menos tonto que yo, **25.** (ver) _____ lo que me **26.** (ocurrir)

_____ y **27.** (entrar) _____ corriendo a la

casa para decírselo a mamá. Ella **28.** (salir) _____ poco

después, trayendo un vaso de agua tibia. Me **29.** (decir) _____ que

me tranquilizara y **30.** (verter) _____ el agua sobre mi lengua

congelada, la cual **31.** (separarse) _____ por fin del poste. Por

obvias razones, yo **32.** (sentirse) _____ bien aliviada al

librarme del poste, y nunca más **33.** (volver) _____ a

probar ese experimento.

1.3 SECCIÓN LÉXICA

A **Expresiones con la palabra «letra» y con las letras del alfabeto.** *Con base en el contexto, complete cada una de las oraciones con una expresión con la palabra «letra» o con las letras del alfabeto.*

1. Mira a ese tipo que _____ por la calle. O está mareado o está borracho.

2. En las composiciones se escriben los títulos de los libros o con _____ o subrayados.

3. Tienes que cumplir con este contrato _____; si no, te van a poner pleito.

4. Muchos niños estadounidenses empiezan a aprender _____ mirando el programa «Calle Sésamo».

5. No le hagas caso a Roberto. Él no entiende _____ del asunto actual.

6. Para que no haya malas interpretaciones, los abogados tienen que _____ al preparar un contrato.

7. Las _____ por las montañas nos dieron muchas oportunidades de ver las impresionantes vistas del mar a la distancia.

8. Siempre que saludo a Inés, no me dice _____. ¿Estará enojada conmigo?

9. Parece que actualmente hay menos padres que antes que creen que la idea de _____ es apropiada para criar a sus hijos.

10. Las primeras líneas de los anuncios impresos muchas veces van en _____ para llamarles la atención a los clientes.

11. Después de firmar el formulario, debes escribir tu nombre _____ para que no haya dudas sobre cómo se deletrea.

12. Para trazar una línea recta, ayuda tener _____.

13. ¿No te molesta que _____ se presente tan rápido al final de los anuncios televisivos de coches que no se puede leer? ¿Qué ocultan?

14. _____ español tiene una letra más que el inglés.

15. Mi asesora financiera insiste en que yo invierta en esa compañía porque, según ella, _____ y puedo esperar un buen rendimiento (*return*).

16. Gasté _____ cantidad de dinero en esta pulsera, pero estoy seguro que le va a gustar a mi novia, aunque me quede pobre.

17. Nadie puede leer *Don Quijote de la Mancha* _____ en una sentada.

18. Es pereza, es falta de atención, _____, pero tu cuarto está todo desordenado. ¡Arréglalo!

B **¿Saber o conocer?** *Complete las siguientes oraciones con la forma de* **saber** *o* **conocer** *que corresponda según el contexto. Tenga cuidado con el tiempo verbal que use.*

1. Yo **a)** _____ al profesor Álvarez, pero no **b)** _____

   qué enseña.

2. ¡Esas chicas _____ bailar muy bien!

3. Carlota no **a)** _____ que José iba a pedirle que se casara con

   él. Cuando lo **b)** _____, se puso loca de alegría.

   c) ¿_____ tú cuándo se **d)** _____ los dos?

4. Dicen que la carne de tiburón **a)** _____ a pollo, pero todos

   b) _____ bien que eso es imposible.

5. Inés es muy atlética: _____ jugar muy bien al fútbol y al béisbol.

6. Nosotros no **a)** _____ bien esta zona. **b)** ¿_____

   Uds. dónde podemos comprar un mapa?

7. ¿Por qué no _____ Uds. la lección para hoy?

8. —**a)** ¿_____ (tú) algo? Héctor piensa invitarte al baile de este

   fin de semana.

   —¿Héctor? Yo no **b)** _____ a ningún Héctor.

9. ¿_____ (tú) a los vecinos de Ángela?

10. Quiero **a)** _____ a la prima de mi compañero de cuarto

    porque es bonita, simpática y muy rica, pero **b)** _____ que

    eso es imposible porque vive en Alemania.

11. Elena, ¿_____ (tú) si Héctor es buena gente?

12. Matilde quería **a)** _____ quién era el chico que

b) _____ tocar el saxófono tan bien, pero parecía que nadie

c) _____ al muchacho.

13. José no **a)** _____ reparar autos pero sí **b)** _____

mantenerlos.

14. Sí, Luisa **a)** _____ muy bien las novelas de Galdós y le gusta

recitar algunos pasajes que **b)** _____ de memoria.

15. Yo no _____ qué voy a hacer este fin de semana.

16. Ellos no **a)** _____ Salamanca, pero **b)** _____

mucho de la historia de esa ciudad tan antigua.

17. Raquel ha engordado tanto que yo no la _____ cuando la vi

hace dos días.

18. Tenemos que comprar unos libros de texto, pero no _____ dónde

está la librería.

19. Oí que Sara y José se **a)** _____ en una fiesta.

b) ¿_____ tú si eso es cierto o no?

20. Jorge lee constantemente; **a)** _____ la obra de muchos

novelistas y hasta **b)** _____ de memoria capítulos enteros.

21. ¿_____ Ud. esta ciudad? Soy turista y estoy perdido.

22. No **a)** _____ que nuestra vecina había muerto hasta que lo

leímos en el periódico. ¿Cuándo lo **b)** _____ tú?

23. Una mañana Carmen cambió su peinado (*hairdo*) tanto que nadie la

_____ cuando entró en la oficina ese día.

24. Ricardo anda diciendo que **a)** _____ a Jay Leno, pero yo

b) _____ que Ricardo es la persona más mentirosa que

c) _____ y no le creo nada.

25. —¿Quién preparó este pastel? **a)** ¡_____ a gloria! ¡Voy por

otro trozo (*slice*)!

1.4 ☐ P A R A   E S C R I B I R   M E J O R ☐

A **Dos muertes.** *En la introducción a «La I latina», la autora señala que el tema de la muerte es muy común en los cuentos de Pocaterra. En este relato hay dos muertes. ¿En qué se diferencian? ¿Cómo se sabe que la muerte de su compañero de clase no le importa mucho al niño, mientras que la de la Señorita, sí.? ¿Cómo se explica esta diferencia en sus reacciones?*

_____

_____

_____

_____

_____

_____

_____

_____

_____

_____

_____

_____

_____

_____

B **La observación detallista.** *En la introducción a "La I latina" se destaca un rasgo del relato: la observación detallista. Busque Ud. algunos ejemplos de esta técnica narrativa en el texto. ¿Cuál es su propósito? Al final del cuento, el niño observa: «En la repisa no están ni la gallina ni los perros de yeso», y el mapa está cruzado por una cinta negra. Se señala la falta de objetos que no se habían mencionado antes. ¿Qué efecto tiene esto en el/la lector(a)? ¿Cómo ayuda a apoyar la observación del niño de que la casa se ve distinta en razón de la muerte de la Señorita?*

_____

_____

_____

_____

_____

_____

_____

CAPÍTULO **1**

CAPÍTULO 2

EN DEFENSA DE LOS ANIMALES

2.1 | LECTURA |

«Nuestros semejantes» (Antonio Muñoz Molina)

A **Un resumen.** *Complete el párrafo siguiente con los vocablos presentados a continuación.*

abatimiento	barrotes	desterrados	indignos	payasos
aislamiento	cautiverio	en torno al	ingravidez	rancias
albergan	celdas	espantosa	mirada	sensibles
aparatos	crías	galpones	misericordia	soportadas
aproximarse	desamparo	hizo falta	parentesco	sostener
arrancados	desarmada	incluso	particulares	viveza

El autor del ensayo afirma que hay una población invisible de **(1)** _____ que

vive en miserables **(2)** _____, mirando, casi con desesperación, por entre los

(3) _____ que la confinan. Son los chimpancés, cazados en África para ser

sujetos de experimentos médicos, **(4)** _____ de circo o mascotas

abandonadas, que una vez maduras ya no son **(5)** _____ por sus antiguos

dueños. Mandaron otros chimpancés al espacio porque **(6)** _____ averiguar los efectos en el cuerpo humano al estar en órbita (**7**) _____ planeta en

condiciones de (**8**) _____. Se documentan en (**9**) _____ fotografías

los preparativos para tales viajes al espacio y en ellas se ven los monos, rodeados de

(**10**) _____ y con un aspecto de una (**11**) _____ inocencia.

Al envejecer, se condena a tales chimpancés a pasar el resto de su vida enjaulados

en (**12**) _____ sucios. Las condiciones de tal (**13**) _____ son peores

que las condiciones en las que se (**14**) _____ a los criminales humanos. Para

muchas personas es difícil (**15**) _____ la (**16**) _____ angustiada de

los monos porque es imposible pasar por alto la (**17**) _____ injusticia de

tratar tan cruelmente a animales con los que tenemos un obvio (**18**) _____.

Los chimpancés son listos y (**19**) _____ a las mismas emociones que

experimenta el ser humano, (**20**) _____ al (**21**) _____. Las

(**22**) _____ de chimpancé muestran el mismo (**23**) _____ y la

misma (**24**) _____ que los bebés humanos. El autor se pregunta cómo se

atreve el hombre a condenar a los chimpancés a trabajar como payasos

(**25**) _____ y a hacerlos sujetos de experimentos, solo para enjaularlos

después en celdas de (**26**) _____. Pero hay esperanza por la generosidad de

personas con una vocación de (**27**) _____. Organizaciones

(**28**) _____ se encargan de rescatar a los chimpancés y de proveerles la

posibilidad de llevar la vida que habrían llevado antes, de no haber sido

(**29**) _____ de África. Los chimpancés salvados tienen que aprender lo que

es la libertad y unos no quieren ni (**30**) _____ a la puerta abierta de su jaula,

pero otros, tal vez por razones instintivas, son capaces de superar la injusticia de su

tratamiento previo.

B **Asociaciones.** *Escoja la palabra o frase que no tenga relación con las otras dos.*

		a	b	c
1.	_____	surgir	empezar	aparecer
2.	_____	en torno a	alrededor de	con respecto a
3.	_____	opresivo	contaminado	irrespirable
4.	_____	repleto	hasta	incluso
5.	_____	seguro	desarmado	vulnerable
6.	_____	cuidado	prisión	cautiverio
7.	_____	acomodar	albergar	construir
8.	_____	reja	rayo	barrote
9.	_____	fantasma	aparato	máquina
10.	_____	ser suficiente	sostener	bastar
11.	_____	raro	inmundo	sucio
12.	_____	increíble	horrible	espantoso
13.	_____	acercarse a	calcular	aproximarse a
14.	_____	lema	cría	bebé
15.	_____	tolerar	soportar	suspender
16.	_____	ensimismado	privado	particular
17.	_____	tolerar	suspender	soportar
18.	_____	asustar	alcanzar	sobrecoger
19.	_____	anticuado	rancio	estropeado
20.	_____	necesitar	hacer falta	tachar

Ser / Estar

A ¿**Acción o resultado?** *a*) *Escriba una oración con* **ser** *o* **estar** *que indique acción o resultado.* *b*) *Traduzca la oración al inglés.*

Modelo: puerta / abrir

a) acción: La puerta fue abierta por el guardia.
resultado: La puerta todavía está abierta.

b) The door was opened by the guard.
The door is still open.

1. espejo / romper

a) _____

b) _____

2. vídeo / conectar

a) _____

b) _____

3. estrella de cine / escoger

a) _____

b) _____

4. la filmación / suspender / indefinidamente

a) _____

b) _____

5. crimen / resolver

a) _____

b) _____

B **Ser y estar y ¿qué preposición?** *Complete las siguientes oraciones con la forma apropiada de **ser** o **estar** en el pasado y la preposición adecuada según el contexto.*

La actriz **(1)** _____ vestida _____ rojo para el estreno de la película

de su rival, pero como **(2)** _____ la primera _____ llegar al

cine, poca gente la vio. Ella no **(3)** _____ muy aficionada _____ las

películas de ciencia ficción pero **(4)** _____ disgustada _____ el

hecho de no haber tenido un papel en la película. Por fin, el cine

(5) _____ lleno _____ gente y proyectaron la película. En la pelícu-

la, la población de la Tierra **(6)** _____ enemistada _____ una raza

de extraterrestres que **(7)** _____ decidida _____ destruir el mundo.

La heroína (la rival de nuestra actriz molesta) **(8)** _____ encargada

_____ vigilar la base donde había un arma secreta, un aparato que

(9) _____ capaz _____ proteger el planeta de cualquier ataque. La

mujer también **(10)** _____ responsable _____ la seguridad de los

medios de comunicación entre los varios ejércitos de la Tierra, pero desgraciada-

mente **(11)** _____ enamorada _____ un traidor que

(12) _____ dispuesto _____ engañar a su novia para ayudar a los

extraterrestres. Pero, al final, engañarla **(13)** _____ imposible _____

hacer, porque ella **(14)** _____ lista _____ tomar cualquier decisión

necesaria para salvar al mundo, hasta la de condenar a su novio. Al final, el planeta

(15) _____ libre _____ la amenaza de los extraterrestres y la heroína

(16) _____ rodeada _____ sus verdaderos amigos. «¡Qué estupi-

dez!» pensó con envidia la actriz, pero lo peor fue que en la última escena, ¡la mujer

llevaba una camisa roja que **(17)** _____ idéntica _____ la que tenía

puesta la pobre actriz desempleada!

C **Cambios de sentido.** *Traduzca las siguientes frases al español, teniendo cuidado de escoger la forma apropiada de **ser** o **estar**.*

1. Norma is usually so quiet, but tonight she won't stop talking!

   _____

2. Rafael and Héctor are very hardworking and conscientious employees.

   _____

3. Marco, why aren't you ready to leave for school?

   _____

4. Ana is very interested in studying biology.

   _____

5. After cleaning the house for hours, everything is like new.

   _____

6. That is a flourishing business and it is safe to invest money in it.

   _____

7. The color of this paint is too bright to use in the dining room.

   _____

8. This movie is so entertaining because the actors perform well.

   _____

9. Adán is a very cold person and that's why he has few friends.

   _____

10. It's three o'clock and Sara is still awake because of the noise her neighbors are making.

   _____

D ¿**Ser o estar?** *Complete las siguientes oraciones con la forma apropiada de* **ser** *o* **estar** *en el tiempo verbal que convenga o en el infinitivo.*

1. Estos discos **a)** _____ míos; los tuyos **b)** _____

   allí. ¿No los ves?

2. No puedo **a)** _____ en clase hoy porque tengo que ir a una

   boda que **b)** _____ en Filadelfia.

3. Pilar dice que tú **a)** _____ mayor que ella.

   b) ¿_____ cierto?

4. Madonna siempre **a)** _____ sensual en toda su carrera

   de cantante, pero en este vídeo, **b)** ¡_____ sensualísima!

   Su canción **c)** _____ muy interesante también.

5. —¿A qué hora **a)** _____ la fiesta de Mónica el sábado que viene?

   —No sé ni me importa, porque **b)** _____ peleada con ella.

6. La comida de la cafetería _____ tan mala como la del centro

   de estudiantes.

7. Cuando entramos en la capilla, vimos que doña Inés ya _____

   arrodillada y rezaba silenciosamente.

8. El vendedor me dijo que la chaqueta que le iba a comprar

   a) _____ de cuero, pero **b)** _____ obvio que me

   c) _____ mintiendo.

9. Este año ninguno de mis profesores sabe nada ni **a)** _____

   entretenido: todas mis clases **b)** _____ muy aburridas.

10. La familia de José **a)** _____ de Puerto Rico, pero ahora

b) _____ en Nueva York.

11. Para Sara, el clima de Wisconsin **a)** _____ muy frío; ella

b) _____ una persona friolenta.

12. Esta película **a)** _____ muy parecida a la que vimos anteayer;

b) _____ tan llena de tonterías!

13. Llegamos anoche y ahora **a)** _____ aquí para asistir a la

asamblea estatal que va a **b)** _____ mañana.

14. Esas estudiantes van a _____ estudiando todo el día.

15. No me gustan esas puertas porque _____ pintadas de blanco y

azul.

16. Este joven _____ amable; siempre nos ayuda con el coche.

17. La fiesta de anoche _____ preparada por el comité.

18. Los alumnos _____ muchos y no hay suficientes sillas.

19. Las ventanas _____ rotas hace cinco años.

20. La graduación va a _____ el lunes que viene.

21. La casa donde vives _____ del señor Rivas, ¿verdad?

22. Yo **a)** _____ muy contenta con mi suerte porque no

b) _____ ambiciosa.

23. Generalmente mi prima Sofía **a)** _____ muy alegre, pero ahora

b) _____ triste porque su novio **c)** _____ en la

cárcel.

24. Sí, Jorge **a)** _____ muy listo y también **b)** _____

vivo, pero muchas veces yo **c)** _____ molesto por las tonterías

que hace.

25. Lupe me ofreció varias prendas (*articles of clothing*), pero todas

a) _____ viejas y **b)** _____ pasadas de moda.

26. Ese Pepe lo entiende todo: ¡qué despierto _____!

27. Ya **a)** _____ tarde y todos **b)** _____

muertos de hambre cuando terminamos de jugar al tenis ayer.

28. No puedo tomar más de esta sopa porque _____ fría.

29. El portero **a)** _____ responsable de cerrar las puertas a

medianoche, pero cuando pasamos por la casa de apartamentos anoche

a las doce, **b)** _____ abiertas de par en par (*wide open*).

30. Mi colección de estatuillas (*figurines*) Lladró _____ casi

completa; solo le falta una.

2.3 │ S E C C I Ó N   L É X I C A │

A **Una visita al zoológico.** *Complete la siguiente narración llenando el espacio en blanco que precede a cada sustantivo con la forma adecuada del artículo definido o indefinido. Si es necesario, llene el espacio en blanco que sigue al sustantivo con **macho** o **hembra**.*

El fin de semana pasado mis amigos y yo fuimos al zoológico y nos encantó

ver tantos animales de todas partes del mundo. Primero vimos (**1a.**) _____

elefantes (**1b.**) _____, y hasta había (**2a.**) _____ elefanta

(2b.) _____ con una cría recién nacida. **(3a.)** _____ osos

(3b.) _____ siempre son divertidos y vimos **(4a.)** _____ osa

(4b.) _____ con su osezno. Al lado de los osos estaban

(5a.) _____ gacelas **(5b.)** _____. En el acuario había

(6a.) _____ peces **(6b.)** _____, claro, pero nos

impresionaron mucho **(7a.)** _____ tiburones **(7b.)** _____

porque eran gigantescos. También vimos **(8a.)** _____ tortuga marina

(8b.) _____ que era enorme, mucho más grande que las hembras que

nadaban a su alrededor. La verdad, ver a **(9a.)** _____ monos **(9b.)**

_____ enjaulados nos dio lástima. Había **(10a.)** _____

gorila **(10b.)** _____ pequeño que parecía muy triste. En otra jaula

jugaban **(11a.)** _____ chimpancés **(11b.)** _____ muy

graciosos. La exhibición de **(12a.)** _____ aves (*f.*)

(12b.) _____ también ofrecía rarezas. Vimos **(13a.)** _____

avestruz **(13b.)** _____ cuyo (*whose*) polluelo acababa de salir del

cascarón (*egg*) y **(14a.)** _____ ruiseñores **(14b.)** _____

que cantaban alegremente. Por poco no se ven **(15a.)** _____ colibríes

(15b.) _____ que volaban aquí y allá tan rápido.

(16a.) _____ ave **(16b.)** _____ que siempre me ha

impresionado es **(17a.)** _____ pavo real **(17b.)** _____, con

su plumaje tan espectacular, pero no había ninguno esa tarde. Creo que lo que más me

fascinó fue ver **(18a.)** _____ canguro **(18b.)** _____ que

llevaba un par de crías en su bolsa; no es común que **(19a.)** _____

canguros **(19b.)** _____ den a luz gemelos. En fin, lo pasamos muy bien

en el zoológico y pensamos volver allí bien pronto.

B *Equivalencias. Examine las siguientes oraciones en inglés e indique la palabra que debería usarse en español:* **preguntar, preguntar por, pedir, hacer o invitar.**

_____ **1.** That fellow was asking about you.

_____ **2.** Don't ever ask them to do that.

_____ **3.** Don't ask her that question.

_____ **4.** I never borrow money from relatives.

_____ **5.** They asked me to play the piano.

_____ **6.** I have asked her to several dances.

_____ **7.** Never ask her how old she is.

_____ **8.** She asked me: "Whose car is that?"

_____ **9.** They're asking too much.

_____ **10.** I asked her out last Saturday.

C **Traducción.** Escriba en los espacios en blanco las palabras en español equivalentes a las palabras en inglés que se dan entre paréntesis. Tenga cuidado con el tiempo verbal que use.

1. Juan (*asked*) _____ a Luisa a ir con él al concierto.

2. Ese profesor siempre me (*asks many questions*) _____.

3. Le (*asked*) _____ a Marta que me ayudara con la tarea.

4. Siempre que me ven, me (*ask about*) _____ mi mamá.

5. Le voy a (*ask to borrow*) _____ sus patines a mi primo.

6. Cuando éramos niños, siempre le (*asked*) _____ «¿por qué?»

a todo el mundo en cualquier situación.

7. Mis vecinos me (*asked*) _____ que cuidara a sus hijos.

8. Unos turistas nos (*asked*) _____ dónde estaba la catedral.

9. Necesito (*ask to borrow*) _____ tus herramientas.

10. ¿(*You asked*) _____ a Susana a bailar contigo y no quiso?

11. Cuando mi tía se enfermó, todos (*asked about*) _____ ella.

12. Nuestra vecina nos (*asks many questions*) _____ indiscretas.

13. Le tuve que (*ask to borrow*) _____ su motocicleta a mi primo

porque mi auto estaba descompuesto.

14. Le (*are going to ask*) _____ a Isabel que nos recoja a las

ocho en punto.

15. Cuando me dijo Raquel que quería ir al centro, le (*asked*)

_____ «¿por qué?».

2.4 PARA ESCRIBIR MEJOR

La acentuación

A **El silabeo.** *Divida en sílabas las siguientes palabras y luego subraye la sílaba tónica (*stressed syllable*).*

Modelo: <u>cír</u> / cu / lo

1. quienquiera

2. surrealismo

3. irrealizable

4. Groenlandia

5. orgánico

6. fotografía

7. e s p e c i a l i z a c i ó n

8. c o n t e m p o r á n e o

9. q u i n i e n t o s

10. n e u t r a l i d a d

11. p a r e n t e s c o

12. i r r e s p o n s a b i l i d a d

13. c o m p r e n s i ó n

14. i m p e r t u r b a b l e

15. h e l i c ó p t e r o

16. m i l l o n a r i o

17. g u b e r n a m e n t a l

18. l i m p i a c h i m e n e a s

19. i n d o e u r o p e o

20. c o n s t r u c c i ó n

B **La acentuación.** *Divida en sílabas las siguientes palabras y luego escriba el acento ortográfico si es necesario: la vocal subrayada de cada palabra es la tónica.*

Modelos: h e / r r a / m i e n / t a s (no lleva acento ortográfico)

á / n i / m o (lleva acento ortográfico)

1. A m e r i c a

2. s e l v a s

3. a q u i

4. p e l i c u l a

5. c a f e c i t o

6. p u e b l o

7. a n d a l u z

8. d e s e m p l e o

9. p r a c t i c a

10. Marquez	30. constante	50. fanfarron
11. aguila	31. despues	51. psicologia
12. angel	32. alrededor	52. increible
13. caiman	33. sonambulo	53. esparragos
14. hispanico	34. deuda	54. amabilisimo
15. pais	35. farmacia	55. noroeste
16. ademan	36. estrella	56. tambor
17. penultimo	37. instrumento	57. algarabia
18. envidia	38. problema	58. israelita
19. envio	39. leiais	59. chillon
20. envie	40. portugueses	60. baul
21. maiz	41. democracia	61. conexiones
22. distraido	42. democrata	62. aleman
23. viento	43. caracter	63. alemanes
24. bautista	44. caracteres	64. rio
25. miembro	45. algodon	65. rio
26. esdrujula	46. construi	66. examen
27. Dios	47. continuo	67. examenes
28. dias	48. continuo	68. regimen
29. religion	49. sarten	69. regimenes

El acento diacrítico. *Las frases de los siguientes diálogos resultan confusas porque faltan los acentos ortográficos y diacríticos necesarios. Escríbalos para que se aclaren los diálogos.*

1. Falta un mensaje.

—Perdon. Ese señor quiere que Ud. le de el segundo mensaje, no el primero.

—¿De que mensaje me habla? No se nada de ningun otro mensaje. Nos ha llegado uno solo.

—Pues, el dice que si, que se le mando otro. Si Ud. no lo tiene, entonces ¿quien?

—Eso lo sabra Dios. Creo que Ramon ha recibido 5 o 6, o tal vez mas. No se; preguntele a el, no a mi, adonde ha ido a parar el segundo. ¡Que bobada!

2. ¿Dónde estará?

—Oyeme, Ines. Mi boligrafo no esta donde creia que lo habia dejado. ¿Sabes tu donde esta?

—No, no lo se. ¿A ti se te perdio?

—Si, por lo visto. Y si no lo encuentro, ¿con que escribire la composicion?

—¡¿Como?! Hay por lo menos 10 o 15 plumas ahi en el escritorio. ¿Por que no usas una de esas?

—No, solo puedo usar mi boligrafo favorito porque siempre me trae buena suerte.

—¿Que locura es esa? Escribir con un lapiz en particular no tiene nada que ver con tu exito.

—Tienes razon, pero es una costumbre que tengo.

—Mira, como sigas molestandome con tales tonterias, te dejo solo con tus supersticiones.

—¡No, chica! ¡No te vayas! ¡Se compasiva! No lo he encontrado aun y necesito que me ayudes a buscarlo.

—¡No! Aun los mas pacientes tienen su limite y he llegado al mio. Adios.

D **Como si fueran seres humanos.** *La personificación es un recurso literario que les atribuye cualidades y sentimientos humanos a los animales y a cosas inanimadas. ¿Qué ejemplos de personificación puede Ud. encontrar en el ensayo de Muñoz Molina?*

_____

_____

_____

_____

_____

_____

_____

E **¿Cuál es la función de la personificación?** *¿Por qué personifica Muñoz Molina a los chimpancés en su ensayo? ¿Para conmover aún más a los lectores por el sufrimiento de los monos enjaulados? ¿Para que los lectores comprendan mejor las pocas diferencias que hay entre el ser humano y el chimpancé? ¿O es que lo que parece ser la personificación no lo es porque, sí, los chimpancés son «nuestros semejantes»? Explique su opinión.*

_____

_____

_____

_____

_____

_____

_____

CAPÍTULO 3

EL PAPEL DE LA MUJER EN LA SOCIEDAD

3.1 L E C T U R A

«Águeda» (Pío Baroja)

A **Un resumen.** *Complete el párrafo siguiente con los vocablos presentados a continuación.*

adivinar	desdibujadas	silvestres
advertía	desmesuradamente	solar
ajuares	elogios	sórdidas
amarilleaban	envilecidos	ternura
angulosa	escombros	timidez
apocado	gorriones	turbaban
bagatelas	hierbajos	vetustez
bermejo	huellas	vigas
boj	pesadumbre	visita
desconchada	revoloteaban	

Al principio del cuento, se veía a Águeda sentada en un balcón haciendo encaje. Era

una muchacha (**1**) _____, de pelo color (**2**) _____

y de facciones (**3**) _____. El cuarto en el que estaba sentada daba la

impresión de (**4**) _____: las cortinas (**5**) _____ y la

pintura de las puertas y del balcón estaba (6) _____. El balcón daba a un

(7) _____ rodeado de unas casas (8) _____, a pesar de

(*despite*) ser modernas. En el invierno el lugar no tenía ningún encanto, pero en la

primavera se llenaba de (9) _____ y (10) _____ que

colgaban sus nidos de las (11) _____. El padre de Águeda era un

hombre (12) _____ que se entretenía coleccionando (13) _____.

La mamá dominaba a la familia y la (14) _____ de Águeda no le daba

las fuerzas necesarias para resistir el control de su madre y el de su hermana mayor.

A Águeda la (15) _____ los (16) _____ que los otros le

hacían en (17) _____, y después de las reuniones familiares lloraba en

su cuarto, sintiéndose mal comprendida. Un amigo de la familia era un abogado

joven, listo, y (18) _____ ambicioso. Le gustaba charlar con Águeda,

pero no (19) _____ cuánto ella apreciaba sus atenciones. Cuando

el abogado le informó que acababa de pedir la mano de su hermana mayor, la

pobre sufrió una gran desilusión, pero consintió en (*agreed*) bordar unas prendas

para los (20) _____ de su hermana. Mientras trabajaba en el balcón,

sentía ganas de llorar de tristeza, pero se abstenía de hacerlo para no dejar

(21) _____ en la tela. De vez en cuando pensaba en la vida que

quería llevar, casada con un hombre capaz de (22) _____ la

(23) _____ que ella le podía ofrecer, pero allí abajo en la plaza solo

veía a hombres agobiados (*overwhelmed*) por la (24) _____,

(25) _____ por su vida monótona y sin esperanza. Al final del cuento,

las abejas (26) _____ sobre las plantas (27) _____ y los

(28) _____ del solar mientras Águeda seguía haciendo saltar los

pedacillos de (29) _____.

B **Asociaciones.** *Escoja la palabra o frase que no tenga relación con las otras dos.*

	a	b	c
1. _____	turbar	ensuciar	inquietar
2. _____	olor	marca	huella
3. _____	cuajado	lleno	congelado
4. _____	vetustez	pequeñez	vejez
5. _____	bagatela	chuchería	saco
6. _____	timbre	estampa	dibujo
7. _____	excesivo	desordenado	desmesurado
8. _____	envilecido	degradado	urbanizado
9. _____	apocado	débil	achicado
10. _____	pulido	raído	gastado
11. _____	trocito	lucecita	pedacito
12. _____	pesadumbre	tristeza	cantidad
13. _____	girar	revolotear	volar
14. _____	bermejo	oscuro	rojo
15. _____	retratado	borroso	desdibujado
16. _____	disponer de	encargarse de	olvidarse de
17. _____	en voz alta	unánimemente	a coro
18. _____	subir	significar	trascender a

SECCIÓN GRAMATICAL

Verbos como **gustar**

A **Viejo y a pie.** *Exprese en español las expresiones que se dan entre paréntesis.*

¡Ay! ¡Cómo **(1)** (*hurt me*) _____ los pies! Y todavía

(2) (*there remain*) _____ muchos kilómetros para llegar a la

casa de mi sobrina. **(3)** (*I would like*) _____ verla antes de su

partida, pero **(4)** (*it seems to me*) _____ que **(5)** (*it will be very*

hard for me) _____ llegar pronto a su casa. Desgraciadamente,

(6) (*I don't have... left*) _____ suficiente tiempo. ¡Ojalá pudiera

volar! ¡Eso sí que **(7)** (*would surprise her*) _____! **(8)** ¡(*I would*

love it) _____! Pero, hay que confesar que **(9)** (*I have... in*

excess) _____ peso para eso. Aunque **(10)** (*it turns out to*

be... for me) _____ penoso, no podremos despedirnos.

B **Escoja y conjugue.** *Escoja el verbo de la lista que mejor corresponda a cada*
espacio en blanco y conjúguelo. Tenga cuidado con el tiempo verbal que use y
no olvide incluir los pronombres de objeto directo o indirecto necesarios.

| caer | costar | doler | faltar | fascinar |
| molestar | parecer | poner | quedar | tocar |

1. No, yo lavé los platos la semana pasada, Rosita. A ti _____

lavarlos esta semana.

2. A mí _____ estupendo que el invierno se acabe

por fin.

3. _____ diez minutos para las dos e Isabel no

había llegado todavía.

4. ¿A Uds. _____ los niños maleducados?

Yo no los aguanto (*put up with*).

5. A Inés y a Ricardo _____ las películas de

Almodóvar y no se han perdido ni una.

6. Después de que el Sr. Ortiz perdió su empleo, a los Ortiz no

_____ bastante dinero para poder hacer el

viaje que hacía tanto que planeaban.

7. Cuando Silvia conoció a Javier, el hombre con quien iba a casarse,

_____ muy mal.

8. Desde que era joven, a mí siempre _____

trabajo levantarme temprano.

9. A muchos estudiantes _____ nerviosos el

pensar en los exámenes.

10. Cuando David se despertó la mañana después de la borrachera, descubrió

que _____ mucho la cabeza y el estómago.

C **Exprésenlo de otra manera.** *Vuelva a escribir las siguientes frases, empleando verbos como* **gustar** *para expresar la misma información que contienen las oraciones originales.*

Modelo: Para mí es encantador dormir hasta tarde los sábados por la mañana.

Me encanta dormir hasta tarde los sábados por la mañana.

1. Las reglas de gramática son muy interesantes para nosotros.

_____

2. Para mí son importantes los derechos civiles de todos los ciudadanos.

_____

3. Tener que estacionar muy lejos de la universidad es muy molesto para Luis y Esteban.

_____

4. Sé que para ustedes la preservación del medio ambiente es una gran preocupación.

_____

5. Para mí es fascinante la idea de la inteligencia artificial.

_____

6. Montar en bicicleta durante el verano es encantador para nosotros.

_____

7. Ernestito y Gustavito tenían miedo de estar en casa solos durante una tormenta.

_____

8. Los choferes que manejan por encima del límite de velocidad me ponen extremadamente enojado.

_____

D **En este momento.** *Conteste las siguientes preguntas según su propia experiencia.*

1. ¿Qué es lo que más le disgusta de la universidad?

_____

2. ¿Qué le encantaría hacer ahora mismo?

_____

3. Pero, ¿qué le conviene más hacer en estos momentos?

_____

4. ¿Qué le hace falta para ser feliz?

_____

5. ¿Qué le molesta, particularmente, de sus padres?

_____

6. ¿Qué aspecto de su propia conducta le preocupa más?

_____

7. ¿Qué parte de su vida estudiantil le cuesta más trabajo?

_____

8. ¿Qué profesor/a le cae especialmente pesado/a?

_____

9. ¿Qué le sobra ahora mismo: peso, dinero, trabajo, etc.?

_____

10. ¿Qué le sorprende más de las noticias de hoy?

_____

E **Verbos como *gustar*.** *Complete las siguientes oraciones, conjugando en el indicativo el verbo que se da entre paréntesis. Tenga cuidado con el tiempo verbal que use; cada contestación debe incluir un pronombre de complemento directo o indirecto.*

1. Creo que podemos descansar un poco ahora porque (sobrar) _____ _____ tiempo para terminar nuestro proyecto.

2. A mí **a.** (resultar) _____ penoso tener que despedir a José, pero no **b.** (quedar) _____ otro remedio porque José hacía todo al revés. A José **c.** (hacer falta) _____ el dinero, pero nunca cumplió con su deber (*fulfilled his responsibilities*) y por eso lo tuve que despedir.

3. ¿A ti no (extrañar) _____ que Sara y Rebeca tarden tanto en llegar?

4. Cuando los conocí, Esteban y su familia (caer) _____ bien. Solo más tarde supe que eran traficantes de drogas.

5. A las hermanas de Gilberto (poner) _____ muy nerviosas la manera inapropiada en que él gasta el dinero.

6. Cuando me desperté ayer, noté que (doler) _____ el brazo y no sabía por qué.

7. ¿A Uds. no (encantar) _____ el tiempo que hace en primavera?

8. A mis vecinos (poner) _____ de muy mal humor el ruido que hacen mis hijos.

9. Mi mamá sufría de artritis y (doler) _____

constantemente las rodillas.

10. A nosotros (faltar) _____ solo dos millas

para llegar a casa cuando se nos pinchó una llanta.

11. A mí **a.** (costar) _____ bastante trabajo

terminar mi composición a tiempo. ¡Qué lástima que no **b.** (quedar)

_____ tiempo para revisarla!

12. A Luisa **a.** (caer) _____ muy mal el primo de

su novio porque el chico no dijo más que groserías cuando ella lo conoció.

Claro, a ella **b.** (disgustar) _____ las

palabrotas (*swear words*) que oyó.

13. Desde niño a mí siempre (fascinar) _____ eso

de que los aviones puedan volar: ¡solo los sostiene el aire!

14. A esos estudiantes (convenir) _____ estudiar

más e ir menos a fiestas, porque sus notas son malísimas.

Usos especiales del pronombre de complemento indirecto

F **¡No tuve la culpa***! Vuelva a escribir las siguientes oraciones, empleando el
pronombre **se** para expresar el carácter involuntario de la acción, el pronombre
de objeto indirecto apropiado y la forma adecuada de los verbos que se
dan entre paréntesis. Fíjese bien en el tiempo verbal de la oración original.*

Modelo: Pedro rompió la ventana. (romper)

   A Pedro se le rompió la ventana.

1. Marcos olvidó traer la tarea a clase. (olvidar)

2. Los trabajadores dejaron caer el piano y lo rompieron. (caer / romper)

_____

3. No puedo pensar en la palabra que necesito para esta frase. (escapar)

_____

4. Laura soltó los caballos y los perdió. (soltar / perder)

_____

5. Marisol y Javier trabajaban con el ordenador cuando dejó de funcionar. (descomponer)

_____

6. No pensé en pedirle más tiempo al profesor para mi proyecto de clase. (ocurrir)

_____

7. Como bailaba tan enérgicamente, Reinaldo rompió los pantalones. (romper)

_____

8. Durante el examen, ¿olvidaste las formas irregulares del pretérito? (olvidar)

_____

9. No pudimos entrar en casa porque dejamos la llave adentro. (quedar)

_____

10. Dejé caer el cigarrillo encendido y quemé el mejor mantel de mi mamá. (caer / quemar)

_____

G **Formas ortográficas: el participio pasado.** *¿Recuerda Ud. las siguientes formas del participio pasado? Escríbalas.*

VERBO	PARTICIPIO PASADO	VERBO	PARTICIPIO PASADO
1. deshacer		**8.** abrir	
2. atraer		**9.** resolver	
3. posponer		**10.** ir	
4. oír		**11.** descubrir	
5. morir		**12.** decir	
6. envolver		**13.** suscribir	
7. prever		**14.** romper	

H **¡Ud. me ha engañado!** *Escriba la forma adecuada del verbo indicado para completar el sentido de las frases siguientes. Es necesario decidir el tiempo verbal (infinitivo, presente, pretérito perfecto, pretérito, imperfecto o pretérito pluscuamperfecto) del verbo en cuestión según el contexto. Emplee Ud. solo el indicativo.*

¡Cuántos problemas **1.** (yo - tener) _____ últimamente con los

automóviles! Cuando **2.** (comprar) _____ un Geo nuevo la

semana pasada, ya **3.** (creer) _____ que todas mis dificultades

4. (estar) _____ resueltas, pero no yo **5.** (tener)

_____ razón. Después de **6.** (salir) _____

del lugar donde **7.** (acabar) _____ de comprar el auto,

no **8.** (ir) _____ más de media cuadra cuando el carro

9. (descomponerse) _____. Peor suerte yo nunca la (tener)

10. _____ en mi vida. **11.** (Bajar) _____

del coche y **12.** (volver) _____ al vendedor que me

13. (vender) _____ el Geo unos minutos antes. Cuando lo

14. (ver) _____, **15.** (empezar) _____ a

gritarle: —¿Qué clase de estafador (*crook*) **16.** (ser) _____ Ud.?

17. (Hacer) _____ solo diez minutos que lo **18.** (sacar)

_____ de la agencia y ya **19.** (descomponerse)

_____ —¿Sí?— me **20.** (decir) _____ el

vendedor sin mucho interés.— Eso nunca le **21.** (pasar) _____ a

ningún otro cliente antes. ¿Qué **22.** (hacer) _____ Ud. para

causar el problema? —¿Yo? Pues, yo no **23.** (hacer) _____ nada

sino conducir. Pero yo **24.** (querer) _____ saber ahora qué **25.** (ir)

_____ a hacer Ud. para recompensarme. Pues, una hora después

un mecánico **26.** (encontrar) _____ el problema después de que

el vendedor **27.** (remolcar [*to tow*]) _____ mi Geo a su taller, y

otra vez yo **28.** (creer) _____ que todo me **29.** (ir)

_____ a salir bien. Desafortunadamente, no **30.** (ser)

_____ así. **31.** (Hacer) _____ solo unos

días que el carro **32.** (funcionar) _____ bien cuando

33. (pararse) _____ mientras **34.** (llevar) _____

a mi novia Rosa al cine. Eso nos **35.** (pasar) _____ varias veces

antes y por eso Rosa ya **36.** (perder) _____ toda paciencia con

mis problemas mecánicos y no **37.** (querer) _____ hablarme por

todo el resto de la noche. Al día siguiente yo **38.** (ir) _____ una

vez más a ver al vendedor y le **39.** (indicar) _____ el nuevo

problema, pero él **40.** (negarse) _____ a ayudarme, diciéndome

que su mecánico ya **41.** (revisar) _____ el coche y que la garantía **42.** (vencer [*to expire*]) _____ también. En ese

momento **43.** (darse cuenta) _____ de que ese hombre

44. (querer) _____ engañarme (*to cheat*) y otra vez

45. (enojarme) _____ y le **46.** (decir)

_____: —Yo le **47.** (repetir) _____ muchas

veces ya que ese Geo no **48.** (valer) _____ nada. Obviamente su

estúpido mecánico todavía no lo **49.** (arreglar) _____ bien porque

50. (descomponerse) _____ dos veces en dos días. Nunca en mi

vida **51.** (ver) _____ a un hombre más tramposo (*dishonest*) que Ud.

¡Ud. me **52.** (deber) _____ otro coche! Y con eso yo **53.** (subir)

_____ al Lexus del vendedor que él **54.** (estacionar)

_____ allí y lo **55.** (conducir) _____ a casa. Claro, poco

después **56.** (llegar) _____ unos policías, pero ese es otro cuento.

Uso de la construcción «hace que»

I **¿Cuánto tiempo hace?** *Vuelva a expresar la información de las siguientes oraciones empleando la fórmula* **hacer** + **tiempo** + **que** + **verbo**. *Tenga cuidado con el tiempo verbal que use y tenga en cuenta el sentido de la información presentada.*

1. Empecé a trabajar de maestro en 1979. En 2004 todavía daba clases.

_____

2. El 4 de abril terminamos el capítulo 2. Hoy es el 8 de abril.

_____

3. Los Muñoz se mudaron a Quito en 2000. La familia vive en esa ciudad todavía.

_____

4. Héctor llegó a la fiesta a las 10 de la noche. A las 2 de la madrugada estaba allí todavía, medio borracho.

_____

5. Luisa y José se mudaron a Santander en 1985. Todavía vivían allí en 1995.

_____

6. Raquel se acostó a las 11:00, pero no pudo dormirse. Ya son las 2:30 y todavía no se ha dormido.

_____

7. Visitamos a los Hernández el primero de enero. No los hemos visto desde esa fecha.

_____

J **Los tiempos perfectos, «acabar de» y «hacer que».** _Traduzca al español las oraciones siguientes. La advertencia ¡OJO! sirve para recordarle que a veces no se emplean los tiempos perfectos en español cuando se usan en inglés._

1. Where have you (_tú_) been? I have looked all over for you!

_____

2. We haven't seen the cat in weeks. (_¡OJO!_)

_____

3. I wonder why Xavier hasn't called me lately.

_____

4. I am sorry, Mrs. Santos, but Mr. Soto has already left. Did you have an appointment with him?

_____

5. I had just washed the car when it began to rain. (*¡OJO!*)

_____

6. When I arrived at the birthday party, I realized that I hadn't remembered to bring my gift. (*¡OJO!—Use la construcción para eventos no planeados.*)

_____

_____

7. I wanted to call you (*Ud., fem.*), but I had forgotten your phone number. (*¡OJO!—Use la construcción para eventos no planeados.*)

_____

_____

8. It seemed that Ana had married Eduardo the week before (*anterior*). She had known him for only three months! (*¡OJO!*)

_____

_____

9. My parents still haven't returned from their vacation. I am sure that they have been enjoying themselves.

_____

_____

10. Maribel had just lit (*encender*) (*¡OJO!*) the cigarette when she realized that smoking was prohibited inside the bus station, but no one had seen her and she stubbed (*apagar*) it out.

_____

_____

_____

11. We have been painting the house for weeks (*¡OJO!*), but we still haven't finished. This project has been very hard for us.

_____

_____

_____

3.3 | SECCIÓN LÉXICA |

A **Palabras diminutivas, aumentativas y despectivas.** *Escoja de la lista que se da a continuación la palabra que complete mejor las siguientes oraciones.*

cervecita	gritona	patineta	vocecita
cosilla	hombrón	señorito	
gordinflón	mujercita	criticón	

1. El _____ ese cree que vale más que nosotros sólo por ser él de una familia rica.

2. Habla más alto, no te oigo nada cuando hablas con esa _____.

3. No se moleste Ud. por tal _____, el caso no tiene importancia.

4. No le digas nada de esto a Javier porque es un _____ de los peores.

5. ¿No queréis salir conmigo a tomar una _____?

6. No seas _____. Todos te oímos bien sin que alces la voz.

7. Tomás es muy _____. De veras, debe ponerse a dieta y bajar de peso.

8. Hijo, ponte el casco cuando vayas en la _____ porque no quiero que te hagas daño si te caes.

9. Ese _____ me dio un susto cuando lo vi por lo grande que era.

10. José es tan carcamal (*old-fashioned*). Solo quiere tener una

_____ que se quede en casa para cocinar, limpiar la casa y criar a sus hijos.

B **Equivalentes en español de la palabra *to look*.** *Complete las oraciones siguientes con la expresión adecuada según la información presentada entre paréntesis. Use una contracción cuando sea necesario.*

1. Esas frutas (*look like*) _____ *peras*, pero no lo son.

2. Javier está por graduarse por fin y, por supuesto, (*he's looking ahead*)

_____ a conseguir un buen trabajo.

3. Nadie (*looked at*)_____ a la joven que estaba

desmayada en el rincón.

4. El capitán (*looked up and down*) _____ a cada uno

de los soldados durante la revista (*inspection*).

5. El periodista (*looked into*) _____ los rumores que circulaban de que el gángster había sobornado al alcalde, pero no encontró ninguna prueba.

6. Carlota (*looks*) _____ muy mona con ese vestido tan elegante.

7. Su hermana le (*looks after*) _____ a los niños cuando ella está en el trabajo.

8. Siempre (*I looked up*) _____ a mi abuela porque había criado sola a mi mamá y a mis tías después de la muerte prematura de mi abuelo.

9. Después de (*look at*) _____ el historial médico (*medical records*) del paciente, el médico le recetó un antibiótico.

10. El balcón del caserón (*looked upon*) _____ un frondoso jardín.

11. ¿Por qué me (*look at*) _____ así tu prima?

12. ¡Qué descaro! Rosa le (*looked straight in his eyes*) _____ a Roberto y le dijo que no salía con Luis.

13. El lugar del accidente era tan horroroso que hasta los médicos (*looked away*) _____ para no sentir náuseas.

14. Me dicen que (*I look like*) _____ mi bisabuela.

15. Antes de (*look up*) _____ una palabra en el diccionario, trata de adivinar su significado por su contexto.

16. Claro que te vas a hacer daño constantemente porque nunca (*look out*)

_____.

17. Te (*looked for*) _____ en la conferencia, pero no te vi.

18. Los primeros colonos de Europa (*looked down on*) _____

a los indígenas americanos porque creían que no eran civilizados.

19. (*It looks*) _____ que los economistas tienen razón,

que los precios van a seguir subiendo.

20. Cuando (*I look back*) _____, me doy cuenta de que

pasé una juventud muy feliz.

21. De niño, siempre (*I looked forward*) _____ las

Navidades.

3.4 $\boxed{\text{P A R A \quad E S C R I B I R \quad M E J O R}}$

A **Las palabras de enlace.** *¿Qué expresión de la derecha corresponde, lógicamente, a cada oración de la izquierda? Se dan en grupos de cuatro para facilitar la comprensión.*

1. Ernesto sacó F en todas las pruebas y los
exámenes; _____ tuvo que repetir el curso.

2. No soy una persona excesivamente miedosa,
pero, _____, tengo mis momentos.

3. Cerré las ventanas y las cortinas, y, _____, las
tres puertas.

a) por el contrario

b) por otra parte

c) por último

d) por consiguiente

4. Nunca me he olvidado de ese episodio; _____ recuerdo casi todos los detalles.

---

5. Ese problema, _____, nos afecta a todos y nos afectará hasta el fin de nuestros días.

e) en cambio

f) en resumen

6. Después de oír el ruido, salimos, _____, del sótano.

g) en fin

h) enseguida

7. Yo no sé qué pensar. _____, ¿qué piensas tú?

8. Los dos perros del vecino ladraban furiosamente; _____, el mío se echó a dormir.

---

9. Te lo voy a detallar _____ vayamos hablando.

i) a fin de que

10. Insistiré _____ no tienes mucho interés.

j) a medida que

11. Te lo explicaré _____ lo sepas cuanto antes.

k) a pesar de que

12. Tu hermana es exactamente _____ me la había imaginado.

l) así como

B **¿Condenada?** *¿Cree Ud. que es probable que Águeda encuentre por fin al hombre ideal con quien sueña? ¿Cómo sirven las descripciones, el desarrollo del personaje de Águeda y el de los otros personajes, y la falta casi absoluta de diálogo en el cuento, para sugerirnos la suerte* (fate) *de Águeda?*

_____

_____

_____

_____

_____

C **¿Quién o qué es el responsable?** *En su opinión, ¿cuál es el propósito de este cuento? ¿Es nada más que el retrato de una vida desdichada que presenta a Águeda como una víctima de su entorno social y cultural? ¿O es que Baroja quiere señalar las consecuencias negativas de la pasividad, insinuando que la falta de seguridad en sí misma de Águeda es la verdadera causa de su triste situación? Explique su opinión.*

CAPÍTULO **4**

LA VIOLENCIA DOMÉSTICA

4.1 | LECTURA |

«Réquiem con tostadas» (Mario Benedetti)

A **Un resumen.** *Complete el párrafo siguiente con los vocablos presentados a continuación.*

alunado	citarse	estrepitosamente	porquería
ambiente	consciente	ganó de mano	respiro
apagada	desalmada	madrugada	tenía la palabra
apestaba a	disculpaba	pese a	tipo
buena gente	embarrada	plata	

Después de la trágica muerte de su madre, Eduardo pensaba en

(1) _____ con el amante de ella, pero el **(2)** _____ le

(3) _____ e invitó al joven a reunirse con él en un café. Ignorando

qué sabía el amante de la situación doméstica de la familia, Eduardo le contó que en

casa su padre siempre **(4)** _____, sobre todo cuando estaba borracho.

Cuando se emborrachaba, el padre les pegaba a los otros miembros de la familia

por cualquier motivo, hasta por no quedarse despierta su esposa hasta que

él llegaba a casa por la **(5)** _____. La madre de Eduardo se negaba a llorar (**6**) _____ los ataques de su esposo, aunque era

(**7**) _____ de que eso lo enfurecía aún más. Algunas noches su

padre, apenas llegado a casa, se desplomaba (*fall*) (**8**) _____,

sumido en un sopor etílico (*in a drunken stupor*) y Eduardo y su madre tenían que

acostarlo con la ropa (**9**) _____. Eduardo le contó al amante que

su padre había empezado a emborracharse por una (**10**) _____

que le hizo un primo de su madre, y que por lo tanto ella (**11**) _____

un tanto los ataques de su marido. Antes del engaño del primo, la familia había

vivido pacíficamente, aunque a menudo le faltaba (**12**) _____

para poder permitirse lujos (*luxuries*). Aun antes del desengaño en el trabajo, su

padre había sido algo (**13**) _____, pero no maltrataba a su

familia. Después de empezar a emborracharse, su padre llegaba tarde todas las

noches y (**14**) _____ alcohol barato. Más tarde comenzó a tomar

alcohol durante el día, lo cual le quitó a la familia el (**15**) _____

después de las escenas nocturnas. El joven le preguntó al amante si sabía que los

padres de Eduardo no eran originariamente de ese (**16**) _____

miserable. Eduardo le confesó que se había dado cuenta de que algo le pasaba a su

mamá cuando notó que no estaba tan deprimida, tan (**17**) _____

como antes. Más tarde descubrió la relación ilícita entre su madre y el amante.

Entendía que su aprobación de la relación podía parecer de una persona

(**18**) _____, pero lo importante para él era que su mamá había

encontrado un alivio de la situación que se vivía en la casa y que había conocido a un

hombre que la amaba de verdad, que era (**19**) _____.

B **Asociaciones.** *Escoja la palabra o frase que no tenga relación con las otras dos.*

		a	**b**	**c**
1.	_____	alunado	brillante	neurótico
2.	_____	a causa de	a pesar de	pese a
3.	_____	dinero	bandeja	plata
4.	_____	anticiparse	conseguir	ganar de mano
5.	_____	descubrir	disculpar	excusar
6.	_____	citarse	reunirse	llamarse
7.	_____	fortalecido	sucio	embarrado
8.	_____	oler mal	apestar	enfermar
9.	_____	darse cuenta de	entender	ser consciente de
10.	_____	acercarse	atacar	arremeter
11.	_____	engaño	carnicería	porquería
12.	_____	esperanza	descanso	respiro
13.	_____	suéter	tricota	gorra
14.	_____	despiadado	desalmado	desilusionado
15.	_____	hacer daño	juzgar	perjudicar

S E C C I Ó N   G R A M A T I C A L

El subjuntivo

A **Formas.** *¿Recuerda Ud. las formas del subjuntivo de los siguientes infinitivos? Escríbalas en los espacios en blanco según el modelo y el sujeto indicado.*

Infinitivo	Presente	P. perfecto	Imperfecto	Pluscuamperfecto
hablar (él)	hable	haya hablado	hablara	hubiera hablado
1. decir (tú)				
2. ver (nosotros)				
3. morir (Ud.)				
4. dar (yo)				
5. hacer (ella)				
6. saber (Uds.)				
7. traer (tú)				
8. conducir (yo)				
9. pedir (Uds.)				
10. ser (ellos)				

B **Verbos de volición.** *Complete las siguientes oraciones usando la cláusula más apropiada de las que se dan a continuación. Tenga en cuenta que el verbo de la cláusula requerirá algunos cambios.*

a) limpiaba el cuarto una vez a la semana por lo menos

b) deja que Antonio salga conmigo

c) jugaron lo mejor posible

d) su marido le compra un coche nuevo

e) mi primo me acompañaba a la fiesta de Reinaldo

f) ha llovido tanto últimamente

1. A Marco le disgusta que _____

_____

2. El entrenador exhortó a los jugadores a que _____

_____

3. Elena no ha logrado que _____

_____

4. Mis padres me exigían que _____

_____

5. Mi tía se opuso a que _____

_____

6. Le he suplicado a mi tía que _____

_____

C **Verbos que expresan emoción.** *Complete las siguientes oraciones. Primero, escoja la manera más lógica de terminar cada una usando las cláusulas presentadas a continuación. Luego, escriba el resto de la oración, cambiando el verbo según su nuevo contexto.*

a) mi hermano no la ayuda con los quehaceres domésticos

b) gané la competencia de natación

c) nuestro candidato preferido no aspira a gobernador del estado

d) había tanta gente desamparada

e) hace tanto tiempo que no lo llamo

f) había tenido que pasar la noche en la cárcel

1. Mis padres se alegraron de que _____

_____

2. A mi cuñada le indigna que _____

_____

3. A mí me daba lástima que _____

_____

4. A todos nos admira que _____

_____

5. A Timoteo le extraña que _____

_____

6. Mi hermana se sentía avergonzada de que su novio _____

_____

D **Verbos de influencia y comunicación: el empleo del complemento indirecto.**
*Complete las siguientes oraciones con la forma apropiada del pronombre de
complemento indirecto y con una forma verbal del infinitivo que se da entre
paréntesis, o en el indicativo o en el subjuntivo.*

1. A Marta y a Inés _____ recomendábamos que

(hacer) _____ su tarea diariamente.

2. A ti _____ sugiero que no (sacar)

_____ mucho dinero de tu cuenta de ahorros.

3. A mí mis padres siempre _____ decían que no

_____ (mentir) _____.

4. Jorge _____ ha pedido a nosotros que

_____ (traer) _____ un

regalo de México.

5. Su doctora _____ aconsejó a Luisa que (dormir)

_____ por lo menos ocho horas cada noche.

6. Ana quiere que sus amigas _____ (mostrar)

_____ sus blusas nuevas.

7. El profesor _____ recomendó a nosotros que

(saber) _____ de memoria el vocabulario.

8. Los Márquez _____ piden a la criada que

_____ (servir) _____ la

cena a las ocho en punto.

9. A ti _____ aconsejo que no (traducir)

_____ palabras desconocidas en los cuentos si el

contexto indica su sentido.

10. Isabel quiere que yo **a)** _____ (decir)

_____ la verdad sobre su novio, pero no deseo que

b) (enojarse) _____ al saber qué tipo de hombre es.

Prefiero que Amanda **c)** _____ (informar)

_____ acerca del carácter ruin de Marcos.

11. Estela _____ dijo a Ernestito que era necesario que

(sacar) _____ la basura todos los días, pero él

negaba que eso (ser) _____ su responsabilidad.

12. A Carlitos y a Juanito _____ aconsejé que (tener)

_____ mucho cuidado con el rottweiler feroz de los

vecinos.

13. A nosotros los profesores siempre _____

recomiendan que (llegar) _____ a clase a tiempo.

14. A ti y a tus amigos _____ sugiero que (jugar)

_____ solo después de terminar sus (vuestros) estudios.

15. Los estudiantes _____ pidieron al profesor que no

_____ (dar) _____ tanta

tarea.

16. A mi hermanito y a mí, mamá _____ sugería

siempre que (ponerse) _____ las botas cuando

llovía.

Expresiones de incertidumbre

E **Visiones y sonidos.** *Ud. se encuentra solo/a por la noche en una casa
abandonada. Tiene una vela, pero su pequeña llama oscila tanto por el viento
que hace, que resulta difícil ver por dónde van pisando sus pies. De repente, le
sobresalta un ruido extraño, tal vez un quejido o el arrastre de cadenas. ¿Qué
habrá sido eso? Complete las siguientes oraciones, de una manera original, para
explicar lo que ha sido, en su opinión. Escoja una de las expresiones dadas al
principio y use el subjuntivo o el indicativo, según la lógica de la oración.*

1. Creía / No creía _____

_____

2. Dudaba / No dudaba _____

_____

3. Negaba / No negaba _____

_____

4. Estaba seguro/a / No estaba seguro/a _____

_____

5. Me resisto a creer _____

_____

La secuencia de los tiempos verbales

F **Mi madre.** *Complete las siguientes oraciones de una manera original, para practicar la secuencia de tiempos verbales.*

1. Se alegra de que yo _____.

2. Sintió que yo _____ .

3. Estaría contenta de que yo _____ .

4. Temía que yo _____ .

5. Le sorprenderá que yo _____.

6. Le habría dado lástima que yo _____.

7. Le ha extrañado que yo _____.

G ¿**Subjuntivo, indicativo o infinitivo?: Un poco de todo.** *Llene los espacios en blanco con la forma y tiempo apropiados de los verbos que se dan entre paréntesis. Tenga cuidado con la secuencia de los tiempos.*

1. Mis padres se preocupaban de que yo **a.** (querer) _____

jugar al fútbol americano porque creían que **b.** (ir) _____

a romperme el cuello; preferían que **c.** (mostrar) _____

más interés en el ajedrez, pero el problema era que no me **d.** (gustar)

_____ el ajedrez.

2. Te aconsejo que (saber) _____ todos los verbos

irregulares para la próxima prueba.

3. Nadie puede mandarnos que (divertirse) _____ si

estamos de mal humor.

4. Lamentamos que Luis no (ir) _____ con nosotros al

centro ayer.

5. Me sorprende que tú nunca me (recoger) _____ a

tiempo.

6. No me gustaba que mi compañero de cuarto **a.** (hacer)

_____ tanto ruido. Le pedía siempre que no

b. (practicar) _____ la guitarra a las dos de la

madrugada, pero solo me replicaba que yo no le **c.** (decir)

_____ nada.

7. Los padres de Pepito prefieren que él no **a.** (cruzar)

_____ las calles a las cinco de la tarde porque se

preocupan de que un coche lo **b.** (atropellar) _____.

8. Ojalá que Héctor nos **a.** (estacionar) _____ ya el

auto porque ahora dudo que **b.** (quedar) _____

espacio en el aparcamiento.

9. Lupe esperaba que el mecánico le **a.** (devolver)

_____ su auto antes del martes porque necesitaba

b. (asistir) _____ a una reunión en Veracruz ese día.

10. El banco nos recomienda que **a.** (pagar) _____ el

préstamo pronto, pero tememos que Mario no nos **b.** (dar) _____

el dinero que nos **c.** (deber) _____ hasta más tarde.

11. Le rogábamos al profesor que nos **a.** (repetir) _____

las preguntas orales, pero siempre nos decía que no **b.** (poder)

_____ hacer eso.

12. El profesor les sugirió a los estudiantes que (traducir)

_____ las frases antes de la clase.

13. El policía nos aconsejó que no (cruzar) _____ esa

calle sin tener mucho cuidado.

14. Queremos **a.** (ir) _____ a la playa esta tarde, pero

tenemos miedo de que **b.** (haber) _____ más

dificultades con los tiburones.

15. Sentimos que no **a.** (ser) _____ las diez y diez, porque a esa hora el profesor tenía que permitirnos **b.** (salir) _____.

16. La mamá deseaba que sus hijos **a.** (dormirse) _____ pronto, porque no quería que **b.** (estar) _____ muy cansados al día siguiente.

17. Nuestro profesor nos rogaba que (repetir) _____ más los verbos.

18. Mis padres desean que yo **a.** (conseguir) _____ un buen trabajo después de graduarme de la universidad y yo espero **b.** (encontrar) _____ uno también.

19. Luis, ¿cuántas veces tengo que decirte que me **a.** (recoger) _____ después de mis clases? ¿Prefieres que papá te **b.** (mandar) _____ **c.** (hacer) _____?

20. Les sugiero que **a.** (acostarse) _____ temprano porque necesitan **b.** (descansar) _____ antes de su viaje.

21. Esperaba que mis amigos **a.** (volver) _____ pronto, pero temía que **b.** (ir) _____ a llegar tarde como siempre.

22. Roberto me dijo que (pensar) _____ visitarme mañana.

23. El profesor se alegró de que (saber) _____ las

lecciones.

24. Siento mucho que no (haber) _____ más refrescos.

25. Ojalá que alguien nos **a.** (buscar) _____, porque yo

no **b.** (saber) _____ dónde estamos.

26. Tengo miedo de que mis amigos no (divertirse) _____

en la fiesta de esta noche.

27. Tus amigos se preocupaban de que tú no (salir) _____

bastante los fines de semana.

28. A su tía le sorprendió que Elena e Isabel les (mentir) _____

tanto a sus padres.

29. Enrique insistía en que yo le **a.** (pedir) _____ a José

que nos **b.** (prestar) _____ sus apuntes.

30. Nos molesta que todavía no (llegar) _____ la primavera.

31. La ley les prohíbe (beber) _____ alcohol a los

menores de edad.

32. Susana me dijo que (ir) _____ a llegar temprano

por la mañana.

33. El médico me dijo que **a.** (tomar) _____ aspirina para

las jaquecas que sufría, y yo **b.** (sorprenderse) _____ de que **c.**

(ser) _____ tan eficaz (*effective*) en aliviarme el dolor.

34. Mi tía se opuso a que mi primo me **a.** (acompañar) _____

al concierto, pero Jorge la desobedeció. ¡Ojalá que mi tía no **b.** (saber)

_____ de su desobediencia!

35. No quiero que tú **a.** (enfadarse) _____, pero

¡preferiría que no **b.** (tocar) _____ la guitarra a las

tres de la madrugada!

36. Nos daba lástima que la niña (quedarse) _____

huérfana (*orphan*) después del accidente en que murieron sus padres.

37. La jefa insistía en que los empleados (seguir) _____

sus instrucciones al pie de la letra.

38. A todos sus profesores les admiraba que Lupe siempre (saber)

_____ todas las respuestas.

39. El hecho de que el equipo **a.** (entrenar) _____ tanto

últimamente no garantiza que **b.** (ganar) _____ el

campeonato este fin de semana.

40. Me indigna que tantos choferes **a.** (hablar) _____

por teléfono mientras manejan. ¿No se dan cuenta de que hacer eso **b.** (ser)

_____ peligroso?

41. El jefe se oponía a que los empleados **a.** (salir)

_____ temprano la víspera (*day before*) del día

feriado y les mandó **b.** (quedarse)_____ hasta la

hora acostumbrada.

42. Lamento **a.** (tener) _____ que decirles que no **b.** (haber)

_____ más entradas para la función de esta noche.

43. A los padres de Ricardo les preocupaba que él (seguir) _____

soltero a los 40 años.

44. Le pedí a Laura que me (prestar) _____ su coche,

pero no quiso.

45. Me frustra que **a.** (llover) _____ tanto últimamente.

Ojalá que **b.** (dejar) _____ de llover pronto, pero

eso no es probable.

46. El hecho de que (tener) _____ escrito el trabajo

asignado antes no explica por qué no me lo entregaste a tiempo. ¿Dónde está?

47. Le dijimos a Juan que nos (traer) _____ los

refrescos, pero se le olvidaron en casa.

48. Ernesto no sabía que sus amigos le (ir) _____ a dar

una fiesta de sorpresa.

49. Conociendo al profesor Allende, que no cancela la clase nunca, ¿crees que (haber) _____ clase el lunes?

50. Conociendo al profesor Allende, que es tan exigente, ¿crees realmente que el examen (ir) _____ a ser fácil?

51. Ana no creía que Ricardo la **a.** (amar) _____ de verdad, pero él insistía en que para él, no **b.** (haber) _____ otra mujer que ella.

52. No dudamos que el futuro nos (traer) _____ otros desafíos (*challenges*).

53. Marta negó que su agente de Bolsa (*stockbroker*) y ella (engañar) _____ a la Bolsa (*stockmarket*) antes de la bancarrota (*bankruptcy*) de Enron.

54. ¿No creen que Shaq (jugar) _____ bien al baloncesto?

55. Estamos seguros de que Ana (querer) _____ acompañarnos al cine esta noche.

56. ¿Crees realmente que (ir) _____ a nevar hoy, con todo el sol y el calor que hace?

57. Me alegro de que no (haber) _____ más preguntas en esta sección.

H *El uso del subjuntivo para formar mandatos. Conteste Ud. las preguntas siguientes con un **mandato directo** (formal o informal), uno de **primera persona** plural o uno **indirecto**, según el contexto, remplazando los complementos directos e indirectos con los pronombres apropiados.*

1. —¿Cuándo debo traerle el programa de la computadora?

   —_____ esta tarde, si me hace el favor.

2. —¿Dónde le ponemos esta máquina de escribir al recepcionista?

   —_____ en su escritorio.

3. —¿Debo hacerle esta pregunta al profesor?

   —No, _____ otra vez porque él acaba de contestártela.

4. —¿Quién debe barrer el suelo, Susana o Marco?

   —_____ Marco, porque Susana está ocupada con

   otros quehaceres.

5. —¿A quién debo decirle este problema?

   —_____ a tu consejero porque a él le importará.

6. —¿Le rogamos al profesor que nos dé más tiempo?

   —Sí, _____ porque no hemos terminado todavía.

7. —¿Te busco en la cafetería?

   —Sí, _____ cuando llegues.

8. —¿Cuándo debemos entregarle la tarea a la profesora?

   —_____ ahora para que ella pueda corregírsela.

9. —¿Me puedo probar una de tus chaquetas?

   —No, _____ porque eres más grande que yo.

10. —¿Le conseguimos los boletos ahora?

—No, _____ ahora, pero Uds. son muy amables

en querer hacérmelo.

11. —O Luisa o Manuel tienen que ayudarnos con el proyecto.

—_____ Luisa, porque tiene más tiempo libre.

12. —Pienso salir ahora, si eso está bien contigo.

—No, _____ ahora porque tienes que ponerme la

mesa.

13. —¿Les explicamos el caso a nuestros padres?

—Sí, _____ porque van a poder ayudarlos.

14. —¿Cuándo debo pedirle más ayuda al profesor?

—_____ después de tu clase.

15. —¿Es mejor empezar la tarea ahora o después?

—_____ hacer después.

16. —¿A Ud. le traemos los entremeses esta noche?

—No, _____ esta noche, sino mañana, ¿no recuerdan?

17. —¿Practicamos los ejercicios en el laboratorio de lenguas?

—No, _____ allí porque no nos gusta ese lugar.

18. —¿Les pago la entrada a sus amigos?

—Sí, _____, por favor, porque tú tienes el dinero

y nosotros, no.

19. —¿Pongo la mesa a las seis?

—Sí, _____ a esa hora así puedes

servirnos la cena en cuanto lleguemos.

20. —¿Le puedo traducir estas frases?

—No, _____ porque no sabes nada de francés.

21. —¿A quién le debo dar estas cartas?

—_____ al cartero cuando lo vea.

22. —¿Está bien si usamos el carro de ustedes para ir al centro?

—¡No! _____ nunca porque Uds. manejan muy

mal y el carro nos costó mucho.

23. —¿Para cuándo debo saber los datos sobre esta compañía?

—_____ para mañana porque tiene que

presentarle sus conclusiones al jefe.

24. —Vamos a recomendarles ese restaurante a nuestros suegros. ¿Está bien?

—¡No! _____ porque a ellos nunca les gustan los

restaurantes que les recomiendan.

25. —¿Debo darme prisa?

—Sí, _____ porque siempre llegas tarde.

26. —¿Cuándo debo devolverle el coche a tu amigo?

—_____ ahora mismo si no quieres que él esté
enojado contigo.

27. —¿Debemos subirle a Rosa este escritorio a su cuarto ahora?

—Sí, _____ porque tenemos tiempo.

28. —¿A qué hora debo llegar a la fiesta?

—_____ a las ocho en punto si puede.

29. —¡No le creemos las cosas fantásticas que Ud. nos dice!

—Pues, _____, porque no les miento.

30. —¿Quién va a acompañarme al aeropuerto, Sara o Isabel?

—_____ Sara, porque Isa está enferma y lo va a

contagiar si lo lleva al aeropuerto.

31. —¿Podemos dejar de estudiar los mandatos ahora? Estamos hartos de ellos.

—Eso no importa. _____ más porque hay una

sección sobre ellos en su examen, ¿no?

4.3 [S E C C I Ó N   L É X I C A]

A **Los prefijos en-, em- y a-.** *Se presentan a continuación algunos sustantivos*
y adjetivos con sus traducciones en inglés, y luego los verbos derivados
de ellos. Basándose en las acepciones (meaning) *de los sustantivos y de los adjetivos,*
escoja el verbo que complete mejor las oraciones y conjúguelo según el contexto.
Tenga cuidado con el tiempo verbal y el modo que use.

barato (*cheap*)	delgado (*thin*)	montón (*a pile*)
bruto (*ignorant*)	deuda (*debt*)	noble (*noble*)
calor (*heat*)	gigante (*large*)	sucio (*filthy*)
caro (*expensive*)	lodo (*mud*)	orgullo (*pride*)
ciego (*blind*)	máscara (*a mask*)	tarde (*late*)

abaratarse	amontonarse	enceguecerse	ennoblecer
acalorarse	atardecer	endeudarse	enorgullecerse
adelgazar	embrutecer	enlodarse	ensuciarse
agigantarse	encarecerse	enmascararse	

1. El ladrón _____ para que nadie lo reconociera.

2. Llovía a cántaros y cuando los niños llegaron de la escuela

_____ el suelo de la cocina de una manera atroz.

3. La vivienda _____ mucho últimamente. ¡Me han subido

el alquiler un 10%!

4. Los diamantes no _____ nunca; siempre van a ser caros.

5. La mayoría de los programas _____ a los televidentes.

6. Las personas que malgastan su dinero _____ fácilmente.

7. Eran las siete y _____, así que tuvimos que parar de

trabajar por falta de luz.

8. Espero que esta dieta me haga _____ rápidamente.

9. Sus deberes _____ en el trabajo y el pobre Sr. Flores no

veía manera de cumplir con ellos.

10. Martín _____ de haberse graduado de la

universidad este año.

11. El problema _____ porque nadie se encargaba de resolverlo.

12. Con esta contaminación del aire, todo _____ y hay que limpiarlo constantemente.

13. Los muchos actos desinteresados del líder _____ su causa y le prodigaron muchos admiradores.

14. Roberto _____ tanto durante la disputa con su jefe que se fue sin despedirse.

15. Cuando Marta y Ricardo salieron del cine después de ver la primera función de la tarde, sintieron que la brillante luz del sol _____.

B **Equivalentes de *but*.** *Examine el siguiente pasaje en inglés. No lo traduzca. Solo llene los espacios en blanco con **pero, sino, o sino que.***

My uncle, a rich businessman, didn't arrive early at the family reunion, but

(1)_____, in fact, rather late. Not only did he arrive late, but

(2)_____ he also left early. I had hoped to talk with him at length,

but **(3)**_____ that wasn't possible. My mother even wanted to consult him,

but **(4)**_____ he hardly listened to her. So, I can say that I have seen my

wealthy uncle, but **(5)**_____ not that I know him. He died shortly

after that brief encounter, but **(6)**_____ we weren't notified, strangely, for

more than a year. My uncle was, of course, not only successful, but **(7)**_____

extremely arrogant as well. Why? I've frequently asked myself that question, but

(8)_____ I have never been able to answer it satisfactorily.

C **Pero, sino, sino que o menos/excepto/salvo.** *Llene el espacio en blanco con pero, sino, sino que, menos, etc., según el sentido de la frase.*

1. Nuestra clase favorita no es biología, _____ español.

2. Todos se divirtieron en la fiesta, _____ Enrique.

3. Alejandro no salió anoche, _____ se acostó temprano.

4. No me gusta la leche, _____ la tomo.

5. No solo hace frío en Wisconsin en febrero, _____ mucho viento también.

6. José no puso los platos sucios en el lavaplatos, _____ en el fregadero.

7. Carlos iba a pasar por Sara, _____ no pudo encontrar su casa.

8. Después de este, no habrá _____ un mes más antes del comienzo de las vacaciones.

9. Me gustaría ir al concierto, _____ no puedo.

10. Todos lo pasaron bien en la fiesta, _____ Norberto.

11. Mis clases de este semestre son difíciles, _____ aprendo mucho en ellas.

12. La mala estudiante no solo era inconsiderada, _____ además insolente.

13. Lo siento, Eduardo, no tengo **a.** _____ dos euros,

    b. _____ te los doy de muy buena gana.

14. A Pedro no le interesaba comprar un Neon, _____ un Ferrari.

15. No cenamos afuera anoche, **a.** _____ comimos en casa, aunque no había nada **b.** _____ arroz que comer.

16. Luisa no quería salir con Manuel, _____ aceptó su invitación por cortesía.

17. Los ladrones no solo nos robaron el coche, _____ también nos llevaron el gato, ¡los bárbaros!

18. Esa mochila no es de Sarita, _____ de Marité.

19. El camarero no solo tardó en traernos la cena, _____ nos cobró demasiado por ella.

20. No me falta _____ un semestre para graduarme.

21. Esteban no es de los más listos, _____ se dedica a sus estudios y saca buenas notas.

22. Generalmente no tomo café en el desayuno, _____ leche.

23. Todos salieron bien en el examen, **a)** _____ Armando, **b)** _____ eso era de esperar porque no se había preparado la noche anterior, **c)** _____ había ido a una fiesta con sus amigos.

4.4 PARA ESCRIBIR MEJOR

A **Usos de la coma.** *El siguiente pasaje resulta confuso porque se han suprimido las comas. Póngalas donde sea necesario.*

Cuando vi a Luisa por primera vez supe que iba a ser mi esposa; era la mujer más bella que había visto en mi vida. Claro tenía el pelo oscuro y largo ojos luminosos y un cuerpo divino pero su atracción iba más allá de lo corporal. Lo más llamativo de ella era su espíritu; sentí su presencia como si me bendijera un ángel. Cuando se lo dije a los amigos que estaban conmigo esa noche trataron de desanimarme pero ni los defectos que le señaló Enrique ni la crítica de Luis con quien ya estoy peleado ni las cosas negativas que comentó Jorge pudieron disuadirme sino que me convencieron aun más de que había conocido a mi futura esposa. Curiosamente después de que nos habíamos casado Luisa confesó que esa primera noche al verme yo no le caí bien de ninguna manera y que nunca habría salido conmigo si Esteban su antiguo novio no hubiera cancelado la cita que tenía con ella para esa noche.

B **Un cuento narrado sin pasión.** *Eduardo le narra, sin mucha emoción, al amante de su madre la situación doméstica abusiva de su familia. Pero como el amante no dice ni palabra durante la narración, en realidad es el lector del cuento quien llega a hacer el papel de oyente. Después de «oír» su monólogo, al final Eduardo le (¿nos?) señala que el amante (¿nosotros los lectores?) de su madre está llorando. ¿Qué efecto tiene esta observación en el lector? Si la narración de Eduardo fuera más apasionada, ¿nos resultaría tan fuerte el hecho de que su oyente llora al final? Explique su opinión.*

_____

_____

_____

_____

_____

C **El llanto del amante.** *¿Por qué llora el amante de la madre de Eduardo? ¿Es un indicio de que él ignoraba la verdadera situación doméstica de ella? ¿Llora porque la compadece? ¿Porque compadece a Eduardo y a su hermana? ¿Cómo contribuye el llanto del amante al desarrollo del tema de «Réquiem con tostadas»? Explique su opinión.*

CAPÍTULO 5

AMOR Y TECNOLOGÍA

5.1 | L E C T U R A |

«El amor en los tiempos de Skype» (*Semana*)

A **Un resumen.** *Complete el párrafo siguiente con los vocablos presentados a continuación.*

a flote	dañar	incluso	plano
a la carrera	de carne y hueso	involucrados	reclamos
a primera vista	debido a	lecho de rosas	rechazar
a punta de	encendido	lograr	red
álgidos	encerrada	llama	retos
cabe de la dicha	enfocarse	más allá de	riesgosa
canales	espinosos	meta	se quedan cortas
celos	filósofa	multinacionales	señalan
cercanía	herramientas	no obstante	traslados
cifra	huso horario	pende de un hilo	vínculo
confianza	incertidumbre		

El artículo "El amor en los tiempos de Skype" comienza presentando el caso de

Sandra, una (1) _____ que no (2) _____ cuando su

novio la visita después de una separación de un año. Los dos se habían enamorado

(3) _____ al conocerse, pero su relación tuvo que pasar al

(4) _____ virtual cuando su novio, Juan, volvió a su país. Para no

romper el (5) _____ entre ellos, se valieron de Skype, lo que les

ayudó mucho para mantener (6) _____ su relación. Mantener una

relación a distancia nunca ha sido más fácil (7) _____ las

oportunidades de viajar y a las (8) _____ tecnológicas que están hoy a

nuestro alcance. Un 50 por ciento de los jóvenes mantienen una relación a distancia y

se cree que esta (9) _____ va a aumentar. Los medios tradicionales de

mantenerse en contacto —escribir cartas y hacer llamadas telefónicas— no permiten

mantener la (10) _____ del amor tan eficazmente. Pero utilizar Skype

y otros medios tecnológicos resulta eficiente tanto para comunicarse a la distancia

como en (11) _____ A causa de la separación de los novios, es mejor

que el noviazgo haya comenzado siendo (12) _____ porque así hay una

base de (13) _____ y tales relaciones (14) _____

pueden durar por años. Pero tales relaciones no son un (15) _____.

Se desarrollan lentamente y a veces se les pone un límite según la paciencia de los

(16) _____. Además, una relación en vivo se desarrolla

(17) _____ conflictos y resoluciones, pero se evitan estos en una

relación a distancia para no (18) _____ las pocas veces que los novios

pueden estar juntos. Unos expertos creen que las relaciones a distancia tienen muchas

posibilidades de prosperar si los novios pueden visitarse de vez en cuando, viven en

el mismo país y están en el mismo (19) _____. Sandra ha llegado a odiar Skype porque lo que era una solución, con el tiempo ha llegado a causarle

sentimientos de impotencia e **(20)** _____. Por no estar con su novio,

le parece que sus conversaciones **(21)** _____. Claro, a pesar de las

dificultades, también hay ventajas. Un miembro de la pareja puede cumplir una

(22) _____ y seguir manteniendo una relación en otro sitio geográfico. Los

novios pueden dedicarse a su trabajo cuando están separados y **(23)** _____

en su relación cuando se visitan. Para **(24)** _____ esto, la pareja

debe aprovechar los medios electrónicos y aprender a manejar todos los

(25) _____. Sin embargo, hay quienes creen que no se deben usar para

hablar de temas **(26)** _____, pues si la tecnología falla en un momento

(27) _____, una pelea se puede complicar. Otros evitan ciertas

aplicaciones porque exigen que los novios vayan **(28)** _____; si se

responde lentamente, surgen los **(29)** _____. Sandra deja Skype

(30) _____ para poder sentirse más conectada con su novio aunque

esté en el trabajo, pero, **(31)** _____, a veces duda de sí misma porque

está **(32)** _____ en casa mientras sus amigos salen y se ve obligada a

(33) _____ sus invitaciones para poder hablar con su novio. Es importante

que la pareja decida qué tipo de relación quiere tener, pero **(34)** _____

lo acordado, es importante que las dos personas gocen de cierta libertad. Sandra

siente **(35)** _____ de vez en cuando por no saber qué hace su novio

cuando no se hablan, pero no se lo pregunta porque reconoce que preguntárselo

puede envenenar (*poison*) una relación que **(36)** _____. Pese a

(*despite*) estas complicaciones, muchos expertos **(37)** _____ que

aunque es **(38)** _____ y presenta muchos **(39)** _____, esta

es la mejor época para tener una relación a distancia. La **(40)** _____ permite que se encuentre el amor a pesar de los **(41)** _____

las exigencias y oportunidades que representa trabajar en compañías

(42) _____ y de las frecuentes ocasiones que surgen hoy día de

estudiar en el extranjero.

B **Asociaciones.** *Escoja la palabra o frase que no tenga relación con las otras dos.*

		a	b	c
1.	_____	riesgoso	atractivo	arriesgado
2.	_____	estar sin dinero	quedarse corto	no ser suficiente
3.	_____	más allá de	en cuanto a	más importante que
4.	_____	enfocarse en	concentrarse en	ensimismarse
5.	_____	a primera vista	de pronto	inmediatamente
6.	_____	incentivar	encender	poner
7.	_____	reto	desafío	pausa
8.	_____	vínculo	relación	pulsera
9.	_____	no obstante	sin problema	sin embargo
10.	_____	libre	a flote	vivo
11.	_____	incluso	hasta	por consiguiente
12.	_____	señalar	indicar	investigar
13.	_____	a punta de	de ahora en adelante	a base de
14.	_____	balance	cifra	número
15.	_____	dañar	arruinar	terminar
16.	_____	nivel	sencillez	plano
17.	_____	rechazar	no aceptar	regañar

18.	_____	incertidumbre	inseguridad	sospecha
19.	_____	lograr	seguir	conseguir
20.	_____	no entender bien	no caber de la dicha	estar contentísimo
21.	_____	álgido	crítico	amargo
22.	_____	con deuda	debido a	a causa de
23.	_____	pender de un hilo	colgar de un lado	ser muy frágil
24.	_____	a la carrera	con prisa	por afición
25.	_____	el gusto	la llama	la pasión

5.2 SECCIÓN GRAMATICAL

A **Expresiones impersonales.** *Complete las siguientes oraciones con la forma apropiada de los verbos que se dan entre paréntesis. Tenga cuidado con la secuencia de los tiempos verbales.*

1. Valdría más que nosotros (apoyar) _____ a nuestros

   congresistas en vez de criticarlos.

2. Basta que yo te **a.** (decir) _____ que **b.** (limpiar)

   _____ tu cuarto para que lo hagas.

3. Es importante (llegar) _____ a las citas a tiempo.

4. Era evidente que el mecánico todavía no (arreglar) _____

   nuestro coche.

5. Será preferible que Ud. (prepararse) _____ bien antes de su

   entrevista.

6. Es extraño que Luisa no me (llamar) _____ últimamente.

7. Parece mentira que ya **a.** (ser) _____ las nueve. ¡Parece que el tiempo **b.** (volar) _____!

8. Era dudoso que el Sr. Ortega (ir) _____ a completar ese proyecto a tiempo.

9. No es imposible que Marta (divertirse) _____ esta noche en la fiesta de Isabel.

10. A ti te conviene (seguir) _____ las instrucciones de tus maestros.

11. Es verdad que Marco **a.** (tener) _____ un empleo muy interesante, pero no es cierto que **b.** (ganar) _____ mucho dinero.

B **¿Cómo completarlas?** *Complete las siguientes oraciones escogiendo en la columna de la derecha la manera más lógica de terminarlas según el sentido de la expresión impersonal. Hay que tener en cuenta la secuencia de los tiempos verbales.*

1. Urge _____

2. Vale la pena _____

3. Es dudoso _____

4. Parecía mentira _____

5. Era evidente _____

a) que los niños jugaran juntos pacíficamente.

b) que Luis no había estudiado para el examen.

c) que ahorres tu dinero lo más que puedas.

d) que Ud. le mande hoy este mensaje a la jefa, porque es muy importante.

e) que Sara sepa de las infidelidades de su novio.

El subjuntivo en cláusulas relativas

C **¿Qué busca Ud.?** *Complete las siguientes oraciones con una expresión apropiada.*

saber conducir camiones / no fumar / no beber / pesar menos de... /

medir por lo menos... / gustar el baile / nunca haber estado casado /

tener sentimientos nobles / ser rebelde / ser progresista / necesitar un

apartamento / vivir cerca / haberse emancipado / ser profesional

1. Busco una señorita / un señor que... _____

_____

2. Necesito amigos/amigas que... _____

_____

3. Tengo una abogada que... _____

_____

4. Deseo una sirvienta que... _____

_____

D **Un pasado / futuro desconocido.** *Complete las siguientes oraciones de forma original.*

1. Le dije lo que _____

Le diré lo que _____

2. Lo hice como Ud. _____

Lo haré como Ud. _____

3. Se lo di al primer amigo que _____

Se lo daré al primer amigo que _____

4. Nos vimos cuando _____

Nos veremos cuando _____

5. Se reunieron donde _____

Se reunirán donde _____

E **¿Realidad o posibilidad?** *Escriba oraciones originales a base de los siguientes elementos. Use el indicativo en a) y el subjuntivo en b).*

1. cualquiera / hablarnos / ser atendido...

a) _____

b) _____

2. dondequiera / viajar / encontrar...

a) _____

b) _____

3. comprar / cualquier... / que...

a) _____

b) _____

4. comoquiera / ... / ...

a) _____

b) _____

F **Fórmulas idiomáticas.** *Exprese en español.*

1. We will win, no matter how much it may cost.

_____

2. Whatever happens, I shall go with you.

_____

3. Whether you want to or not, you have to agree.

_____

4. As far as I know, we shall not decide until tomorrow.

_____

5. We don't actually have much money left.

_____

G **Un poco de todo: expresiones impersonales y el subjuntivo en las cláusulas relativas.** *Complete las oraciones con una forma apropiada del verbo entre paréntesis. Tenga cuidado con la secuencia de los tiempos verbales.*

1. No es improbable que (haber) _____ oraciones con el verbo

en subjuntivo en esta sección.

2. Ud. necesita el apartamento que (ofrecer) _____ más

comodidades.

3. Mientras más cerveza (tomar) _____, más engordarás.

4. Como me hace tanta falta tener coche, voy a comprar el primero que

a. (encontrar) _____, **b.** (costar) _____ lo que

c. (costar) _____.

5. Era increíble que normalmente Uds. no **a.** (despertarse) _____

hasta las ocho menos diez para **b.** (llegar) _____ a tiempo a

su primera clase.

6. Fue una lástima que **a.** (haber) _____ tantas preguntas en la

tarea, y era obvio que nosotros las **b.** (tener) _____ que

c. (contestar) _____ todas.

7. a. (Querer) _____ o no, es vital que tú **b.** (seguir)

_____ mis consejos para no **c.** (recibir) _____

malas notas.

8. Era difícil que Martín y Olga (llegar) _____ para las ocho.

9. Íbamos a hospedarnos en el primer hotel que (encontrar) _____.

10. El próximo semestre voy a buscar unos cursos que no **a.** (ser)

_____ tan difíciles como los que **b.** (tener)

_____ ahora.

11. De niño, Manuel siempre hacía lo que le **a.** (decir) _____ sus

padres, pero ahora que tiene dieciocho años, por más que le **b.** (insistir)

_____, solo **c.** (hacer) _____ lo que

d. (querer) _____ hacer, **e.** (querer) _____ o no

sus pobres papás.

12. Cuando yo era joven, solo pensaba en **a.** (comprar) _____ un

Ferrari rojo, **b.** (costar) _____ lo que **c.** (costar) _____.

Pero ahora entiendo que, siendo bibliotecario, por más que **d.** (trabajar)

_____, nunca voy a poder costear tal vehículo.

13. Jorge era tan listo que no **a.** (haber) _____ nada que él no

b. (entender) _____ después de haberlo estudiado por solo

un rato.

14. El vendedor me dijo que adondequiera que yo **a.** (ir) _____,

nunca encontraría mejor ganga, pero yo le contesté que por más que

b. (tratar) _____ de convencerme, nunca le compraría ninguna

de sus artesanías, porque buscaba unas que **c.** (hacer) _____

juego con las que **d.** (tener) _____ ya en casa. También le dije

que él no vendía nada que me **e.** (gustar) _____ y que no

f. (haber) _____ nada que me **g.** (poder) _____

h. (decir) _____ que me **i.** (forzar) _____ a

cambiar de idea por insistente que **j.** (ser) _____. No quise

comprar ninguno de los objetos que me **k.** (mostrar) _____ y

por fin me marché a un mercado donde **l.** (venderse) _____

cosas de mejor calidad.

15. ¿Hay alguien en el mundo que no (oír) _____ hablar de

los Beatles?

16. María me dijo que se iba a **a.** (casar) _____ conmigo cuando

yo **b.** (querer) _____, pero no aceptó ninguna fecha que yo le

c. (sugerir) _____.

17. José está de vacaciones en Costa Rica, que yo (saber) _____.

18. Me parece imposible que yo **a.** (ir) _____ a dominar este

idioma algún día, pero no dudo que con mucha práctica lo **b.** (hablar)

_____ bastante mejor en el futuro.

19. ¡No es verdad que Samuel me **a.** (traducir) _____ la tarea de

francés desde que empecé la clase, **b.** (hacer) _____ un mes!

20. Era difícil que Rita **a.** (poder) _____

b. (encontrar) _____ la tienda en que

c. (venderse) _____ el vestido que te

d. (gustar) _____ tanto.

21. No fue que yo te **a.** (decir) _____ que el subjuntivo no **b.** (ser)

_____ difícil, fue que te **c.** (decir) _____ que

d. (poderse) _____ aprender, siguiendo ciertas reglas.

22. Aunque Héctor viniera a pedirme perdón mil veces, nunca lo

a. (perdonar) _____. Creo que yo **b.** (necesitar)

_____ un novio que **c.** (preocuparse) _____

más por mí que por su estúpido carro. Voy a decirle que yo **d.** (creer)

_____ que él no **e.** (necesitar) _____ una

novia, sino un mecánico. Y **f.** (pasar) _____ lo que **g.**

(pasar) _____, yo no **h.** (pensar) _____ salir

más con él.

23. Es mejor que tú **a.** (leer) _____ bien las preguntas de una

prueba antes de **b.** (empezar) _____ a **c.** (contestarlas)

_____.

24. Raquel y Tito buscaban un coche que no **a.** (costar) _____ más

de $8.000, pero era difícil que **b.** (encontrar) _____ uno así.

25. No conocemos a nadie que (cocinar) _____ mejor que

Luisa.

26. Por más que yo (esforzarse) _____, ¡nunca comprenderé a

los niños!

27. Que yo **a.** (saber) _____, la reunión **b.** (ser)

_____ mañana a las diez y todos esperan que tú **c.** (asistir)

_____, **d.** (querer) _____ o no.

28. Carmen siempre pone la tele tan pronto como **a.** (regresar)

_____ de sus clases. Parece increíble que ella no

b. (entender) _____ que le **c.** (convenir) _____

d. (estudiar) _____ un poco antes de **e.** (relajarse)

_____.

29. Ese joven siempre hace lo que **a.** (querer) _____, sin pensar

en las consecuencias. Necesita padres que lo **b.** (controlar)

_____ un poco más.

30. No le abras la puerta a nadie, quienquiera que (ser) _____.

31. De niño, no era que yo **a.** (tener) _____ miedo a los perros,

sino que **b.** (preferir) _____ los gatos.

32. Hemos encontrado una casa que no (costar) _____ un ojo de

la cara y sin embargo es amplia y está bien ubicada.

33. Mientras más (practicar) _____, mejor tocarás la guitarra.

34. De niño, bastaba que Andrés **a.** (leer) _____ una página

solo una vez para que él la **b.** (saber) _____ de memoria.

35. Es cierto que este semestre (parecer) _____ larguísimo.

36. Es urgente que nosotros (proteger) _____ más el medio

ambiente.

37. ¡Me alegro de que no **a.** (haber) _____ más preguntas aquí!,

pero, que yo **b.** (saber) _____, es probable que mañana la

profesora nos **c.** (dar) _____ otras que **d.** (ser)

_____ tan difíciles como estas. El próximo semestre voy a

matricularme en cursos que no **e.** (exigir) _____ tanto trabajo.

5.3 | S E C C I Ó N   L É X I C A |

A **Vocabulario informático.** *Escriba en los espacios en blanco las palabras*
en español equivalentes a las palabras en inglés que se dan entre paréntesis.

1. Ese **a.** (*blogger*) _____ tiene su propia **b.** (*web page*)

_____ que se dedica a reseñar (*review*) los últimos **c.** (*video*

games) _____. Este es el **d.** (*link*) _____.

2. Si piensas **a.** (*to surf*) _____ la **b.** (*net*) _____,

es importantísimo que instales un **c.** (*software*) _____

antivirus y que tengas mucho cuidado con los **d.** (*web sites*)

_____ que visites porque algunos no son seguros.

3. Trasladar una frase de un documento a otro es fácil con este **a.** (*word processor*) _____: con el **b.** (*mouse*) _____, **c.** (*highlight*) _____ el texto en cuestión, selecciona **d.** («copy») _____ del menú de **e.** (*tools*) _____, abre el otro documento y **f.** (*paste*) _____ el texto donde lo quieras **g.** (*to insert*) _____. Puedes hacer lo mismo usando el **h.** (*keyboard*) _____, pero eso cuesta un poco más de trabajo.

4. ¿Mi **a.** (*e-mail address*) _____? Es sabelotodo **b.** (*at*) _____ aol.com. Si me **c.** (*send*) _____ un **d.** (*e-mail*) _____, sabré la tuya. Cuando te conteste, te voy a **e.** (*attach*) _____ unas fotos de mi familia.

5. Para **a.** (*download*) _____ esta imagen, coloca la (*arrow*) **b.** _____ sobre ese **c.** (*icon*) _____, **d.** (*click*) _____ y luego indica en la **e.** (*screen*) _____ en qué **f.** (*folder*) _____ deseas que **g.** (*it be saved*) _____.

6. El (*cyberbullying*) _____ ha llegado a tener consecuencias trágicas.

7. ¡Tu soporte físico (*hardware*) es tan viejo y anticuado! Debes **a.** (*to upgrade*) _____ para poder aprovechar los últimos avances de la tecnología informática. Antes de comprar lo nuevo, sin embargo, debes hacer una **b.** (*back up*) _____ de los

c. (*files*) _____ importantes que haya en el **d.** (*hard drive*)

_____. para no perderlos. Será una gran oportunidad también

de **e.** (*update*) _____ tus programas. ¿Has pensado en

comprar una **f.** (*tablet*) _____?

8. Para **a.** (*erase*) _____ algo de la pantalla de escritorio

(*desktop screen*), lo más fácil es seleccionarlo y **b.** (*drag it*)

_____ al basurero.

9. ¡Ay! Se me olvidó mi **a.** (*password*) _____ y sin ella no

puedo llegar a la **b.** (*home page*) _____ de mi página web.

¡Odio las **c.** (*computers*) _____!

B *Andar:* **traducción.** *Escriba en los espacios en blanco las palabras en español equivalentes a las palabras en inglés que se dan entre paréntesis. Tenga cuidado con el tiempo verbal y el modo que use y fíjese de incluir las preposiciones apropiadas.*

1. Ernesto (*feels*) _____ deprimido porque lo han despedido.

2. En general, los maestros (*don't worry about niceties*) _____

cuando les piden a los estudiantes que guarden su teléfono celular.

3. ¡(*Come on*) _____! Aunque este plato contiene ajo, sé que

te va a gustar si lo pruebas.

4. El aventurero perdido (*walked*) _____ por el desierto por

dos días antes de encontrar agua.

5. A sus padres no les gusta que Héctor (*goes around with*)

_____ esos chicos malcriados.

6. Te invito a cenar porque (*I'm well off with money*) _____

porque acabo de ganar la lotería.

7. Si sigues (*picking at*) _____ esa herida, nunca se te va a sanar.

8. (*To go by taxi*) _____ en las ciudades grandes puede ser caro.

9. Cuando le pregunté a Alicia cómo (*was*) _____, me contestó

que se sentía mal.

10. Parece increíble que ese joven (*picks his nose*) _____ en

público. ¡Debería darle vergüenza!

11. La profesora me dijo que (*was pressed for time*) _____ y que

no podía reunirse conmigo en ese momento.

12. Mamá, ¡dile a Carlitos que deje de (*rummage around in*)

_____ mis cosas!

13. El escritor (*was about 70*) _____ cuando escribió lo que

muchos consideran su obra maestra.

14. Es imposible que Inés conteste una pregunta sin (*beating around the bush*)

_____.

15. Si tu computadora (*is working*) _____ tan lenta, es posible

que esté infectada con un virus.

16. Los recién casados (*traveled*) _____ por toda Europa

durante su luna de miel.

17. Nadie sabía dónde (*was*) _____ Paquito, y se hacía tarde.

Usos del punto y coma. *Los siguientes pasajes resultan confusos porque se han suprimido los puntos y coma, y las comas. Agréguelos donde corresponda.*

A **Pero, ¿dónde estoy?**

Cuando por fin me desperté sufrí una desorientación completa nada me parecía conocido. Donde había habido árboles arbustos y flores ya solo se veían edificios y casas algunos de ellos aparentemente antiguos donde había habido campos y riachuelos ya yo percibía solamente calles adoquinadas y aceras estrechas. El cielo que yo recordaba de un azul enceguecedor y en el que flotaban nubes blanquísimas redondas y grandes como si fueran galeras que navegaban por el espacio luego parecía un gris enfermizo manchado de nubezuelas que parecían estar ahogándose en el vacío que las devoraba. No. Tuve que reconocer la verdad ya no me encontraba en el mismo lugar o mejor dicho en la misma época en que me había dormido. Pero ¿dónde? ¿cómo? ¡¿cuándo?! estaba ansioso por resolver ese misterio.

B **El encanto del verano.**

Siempre me ha gustado el verano hace buen tiempo y siempre ando a gusto. Los árboles verdes y sombrosos (*shading*) me parecen muy lindos la tierra cubierta de hierba y salpicada (*spotted*) de florecitas vivas aromáticas me invita a pisarla descalzo (*barefoot*) el cielo a veces azul otras casi de un blanco cegador da la impresión de ser un océano de aire en el que las aves son peces que nadan por la atmósfera líquida como si estuvieran en un gran acuario cósmico. Intento lo más posible pasar las horas afuera porque siempre hay algo grato (*pleasing*) que hacer como ir al parque o tomar el sol poder hacer tales actividades es un verdadero placer. Sí ya sé hay gente a quien le molestan los insectos y los quehaceres veraniegos (*summetime*) a mí no. Por supuesto no quiero ni pensar en la llegada del otoño y los días de frío que promete traer mientras tanto gozo del calor saboreando (*savoring*) cada día estival (*summer*).

C **Lo bueno y lo malo.** *Como se ve en la lectura de este capítulo, la red, Facebook, Skype y muchos otros medios electrónicos pueden ayudar a formar y a mantener una relación, pero desgraciadamente hay usuarios que intentan hacer lo opuesto, dañar a otros y herirlos. El ciberacoso ha tenido como consecuencia el suicidio de algunas de sus víctimas y ya van aumentando los casos de «catfishing», que es el fenómeno de las aves de rapiña* (predators) *de Internet que inventan identidades virtuales y círculos sociales enteros con el único propósito de engañar a otros y seducirlos. En su opinión, ¿cuáles serán los motivos de esas personas para engañar a otros de este modo? ¿Cree Ud. que hay maneras de evitar ser engañado/a por los «catfish»? Si Ud. buscara una relación por medio de Internet, ¿qué haría para protegerse de este tipo de engaño cruel?*

_____

_____

_____

_____

_____

_____

_____

_____

_____

_____

_____

_____

D **Distancia y cercanía.** *Hablando de su relación a distancia, Lorenza observa que «Hay distancia y cercanía a la vez». ¿Qué cree Ud. que ella quiere decir con esto? Dé algunos ejemplos de lo distante y lo cercano de una relación a distancia. ¿Puede haber elementos de distancia y de cercanía en una relación en vivo también? ¿Son los mismos que hay en una relación a distancia? ¿Por qué sí o no?*

_____

_____

_____

_____

_____

_____

_____

_____

_____

_____

_____

CAPÍTULO 6

CIVILIZACIONES PRECOLOMBINAS

6.1 | LECTURA |

«El Señor de Sipán» (José Manuel Novoa, Ocholeguas.com)

A **Un resumen.** *Complete el párrafo siguiente con los vocablos presentados a continuación.*

a tiros	con sigilo	hallazgos	propia de
actualmente	conjuros	huaqueros	reinaba
ajuar funerario	cribaban	huir	removida
al más allá	cuentan	incrustado en	requisaron
al parecer	cuentas	madriguera	saqueadores
al poco	chaval	no tuvo nada que ver	saquearan
alentaban	dieron con	osamenta	se hicieron cargo
botín	dio la pista	pincel	sitiados
brujos	enérgicas discusiones	pobladores	tensó aún más
cámara	expoliadas	pozo	tirotearon
cetro	falda	profanada	tras
comandancia			

Se considera el descubrimiento en 1987 de la tumba de un gobernante moche como uno de los (1) _____ arqueológicos más importantes del siglo XX, pero su historia es (2) _____ una novela de aventuras. Unos (3) _____ encontraron una tumba en la pirámide de Huaca Rajada, que está cerca de la aldea de Sipán. (4) _____ que uno de los ladrones, Ernil Bernal, había encontrado una copa de la cultura chimú que le hablaba de un tesoro enterrado en la pirámide. Una noche, (5) _____ de empezar a excavar un (6) _____, encontraron varios objetos y una (7) _____ humana, y después de excavar más, (8) _____ una (9) _____ grande que contenía el tesoro del que le hablaba la copa mágica a Bernal, aunque (10) _____ el descubrimiento (11) _____ con la magia. En la (12) _____ de la pirámide encontraron una (13) _____ de conejos, y entre la tierra (14) _____ vieron unas (15) _____ de oro. Su presencia les (16) _____ a los ladrones para descubrir el tesoro. Empezaron a extraer el tesoro (17) _____, pero por fin los (18) _____ de Sipán se enteraron del descubrimiento y reclamaron parte del (19) _____. (20) _____ (21) _____, todos se lanzaron a la excavación y se llevaron piezas valiosas. Por casualidad dos policías estaban en Sipán y les sorprendió la alegría que (22) _____ en el pueblo. Notaron que un (23) _____ quiso pagar su chicha con una pieza de oro, así que los policías se la (24) _____ sin demora y supieron lo que había pasado en la pirámide. El general de la (25) _____ de la policía de Chiclayo pidió la intervención del arqueólogo Walter Alva, y cuando este y sus colaboradores llegaron a Sipán, encontraron a más de

60 **(26)** _____ que excavaban y **(27)** _____ la tierra. Los

dispersaron disparando al aire, pero parecía que los ladrones ya se lo habían llevado

todo: Walter Alva solo encontró un **(28)** _____ de cobre que los ladrones

no habían visto por estar **(29)** _____ una pared. Alva y sus colaboradores

(30) _____ del sitio, pero los ladrones volvían cada noche y el grupo

arqueológico tuvo que defenderse **(31)** _____. Los ladrones

(32) _____ a los de Sipán para que **(33)** _____ el sito, y hasta

se amenazó a la familia de Alva. Se publicaron en la prensa fotografías de algunas de

las piezas **(34)** _____ y vendidas y la policía quiso detener a

Ernil Bernal. Lo encontraron, pero él trató de **(35)** _____ y los policías lo

(36) _____. Esto **(37)** _____ la situación y los arqueólogos

se encontraron prácticamente **(38)** _____. Más tarde Alva y sus

colaboradores encontraron otra tumba importante y, trabajando a golpe de

(39) _____ y espátula, descubrieron el sarcófago del personaje principal

con el **(40)** _____ que se había enterrado con él. Otras ocho personas

estaban enterradas con su señor para acompañarlo **(41)** _____. Se han

descubierto 14 tumbas más, todas de personajes de la élite mochica y que

(42) _____ se consideran como las tumbas más ricas de América.

Mientras tanto, los ladrones siguen buscando las piezas robadas por Ernil Bernal, y

hasta su tumba fue **(43)** _____ por unos **(44)** _____ que

esperaban saber por medio de **(45)** _____ dónde Bernal había

escondido su tesoro robado.

B **Asociaciones.** *Escoja la palabra o frase que no tenga relación con las otras dos.*

	a	b	c
1. _____	desear	confiscar	requisar
2. _____	esqueleto	adorno	osamenta
3. _____	poco después	al poco	repentinamente
4. _____	palabrota	conjuro	ceremonia mágica
5. _____	decirse	contar	encontrar
6. _____	después de	a través	tras
7. _____	grito	pelea	enérgica discusión
8. _____	pincel	brocha fina	lápiz
9. _____	lado	precio	costado
10. _____	ladrón	saqueador	comandante
11. _____	centinela	soldado	vigía
12. _____	encuentro	descubrimiento	hallazgo
13. _____	en secreto	a oscuras	con sigilo
14. _____	robar	expoliar	arruinar
15. _____	tirar	reinar	dominar
16. _____	habitante	poblador	viajero
17. _____	muy lejos	a tiros	disparando
18. _____	chaval	chivo	muchacho
19. _____	cubierto de	incrustado de	metido dentro de
20. _____	actualmente	hoy	realmente

21.	_____	levantar	decidir controlar	hacerse cargo de
22.	_____	no tener ninguna relación	no tener nada que ver	andar a ciegas
23.	_____	disparar	vacilar	tirotear

6.2 | SECCIÓN GRAMATICAL

El subjuntivo en cláusulas adverbiales

A **El subjuntivo después de ciertas conjunciones.** *Complete las siguientes oraciones con la forma apropiada de los verbos que se dan entre paréntesis. Tenga cuidado con la secuencia de los tiempos verbales.*

1. Les aconsejo **a.** (arreglar) _____ su cuenta de ahorros a

menos que ya lo **b.** (hacer) _____.

2. Los padres de Fernando le prohibieron que **a.** (leer) _____

esa novela sin **b.** (saber) _____ que la

c. (leer) _____ varias veces ya.

3. Se anunció que todos los empleados recibirían un aumento de sueldo, de

manera que todos (ponerse) _____ contentos.

4. La mamá le cantó a su bebé a fin de que (dormirse) _____

pronto.

5. No voy a poder comprar otro coche a no ser que (conseguir)

_____ un segundo empleo.

6. Nuestros tíos nos hablaron persuasivamente de modo que (quedarse)

_____ con ellos una semana más, pero no pudimos.

7. Marta, lleva el paraguas en caso de que (llover) _____ esta tarde.

8. Nuestro profesor siempre nos daba muchos ejercicios para que (entender)

_____ bien las lecciones.

9. Yo no iría a una fiesta con Luis aunque alguien me (dar) _____

una fortuna por hacerlo.

10. Aunque a Gertrudis no le **a.** (gustar) _____ que su

compañera de cuarto le **b.** (pedir) _____ prestada su ropa,

nunca le decía nada.

11. Nuestro jefe nos permitió que **a.** (tener) _____ otra copiadora

en la oficina con tal que no le **b.** (costar) _____ mucho.

B **«Aunque», «en caso de que» y «de modo que».** *Complete las siguientes oraciones escogiendo la manera más lógica de terminarlas según el sentido de cada expresión. Hay que tener en cuenta la secuencia de los tiempos verbales.*

1. Ricardo no dejaba de invitar a Ana a salir, de modo que ella **a.** (creer)

_____ cuánto él la **b.** (querer) _____.

2. Ricardo no dejaba de invitar a Ana a salir, de modo que ella **a.** (empezar)

_____ a creer que él la **b.** (amar) _____

entrañablemente (*deeply*).

3. Aunque Ricardo se lo **a.** (decir) _____ constantemente, Ana no

creyó nunca que él la **b.** (amar) _____ de verdad.

4. Aunque Ricardo se lo **a.** (decir) _____ sinceramente, Ana no

creyó que él **b.** (ir) _____ a pasar por ella a tiempo para llevarla

al concierto de esa noche.

5. Aunque Ricardo se lo **a.** (decir) _____ cada día, Ana sabe que él le **b.** (mentir) _____ cuando le **c.** (declarar) _____ su amor.

6. Ana no creerá las excusas de Ricardo cuando este le **a.** (tratar) _____ de **b.** (explicar) _____ por qué no la llama hace tanto tiempo.

7. Ana no creería nunca que Ricardo no **a.** (salir) _____ con su compañera de cuarto antes de **b.** (empezar) _____ a salir con ella aunque él se lo **c.** (decir) _____ con toda la sinceridad posible.

8. Ricardo atendía a Ana más de lo que solía, de manera que ella (desconfiar) _____ de sus intenciones.

9. Ricardo atendía a Ana más de lo que solía, de manera que ella le (perdonar) _____ sus muchas infidelidades.

10. Aunque **a.** (ser) _____ cierto que Ricardo **b.** (salir) _____ con la compañera de cuarto de Ana, no quería que Ana lo **c.** (saber) _____, pues pensaba que, en caso de que ella **d.** (enterarse) _____, **e.** (romper) _____ con él.

11. En caso de que el noviazgo de Ana y de Ricardo **a.** (fracasar [*fail*]) _____, ninguna amiga de ella saldría con él aunque él **b.** (ser) _____ el único hombre en el mundo.

C **El subjuntivo y el tiempo.** *Complete las siguientes oraciones escogiendo la manera más lógica de terminarlas según el sentido de cada expresión. Hay que tener en cuenta la secuencia de los tiempos verbales.*

1. Ojalá que Magdalena ya nos **a.** (conseguir) _____ las entradas para cuando la **b.** (ver) _____ este fin de semana.

2. Mi mamá ya **a.** (envolver) _____ los regalos para mi cumpleaños antes de que yo **b.** (llegar) _____ a casa esta noche.

3. Amelia siempre dudaba que yo nunca **a.** (salir) _____ con otras chicas antes de que nosotros **b.** (conocerse) _____, y siempre quería que yo se lo **c.** (decir) _____, pero yo le repetía que nunca en mi vida **d.** (conocer) _____ antes a ninguna otra mujer a quien yo **e.** (querer) _____ tanto como a ella.

4. El chico ya le **a.** (escribir) _____ la carta a su novia varias veces antes de **b.** (decidirse) _____ a mandársela.

5. Era verdad que la inundación **a.** (llevarse) _____ todos los edificios del pueblo, porque no vimos ninguno cuando **b.** (visitar) _____ el lugar unos días después.

6. Si todavía no **a.** (poner) _____ la mesa, ponla inmediatamente antes de que tu papá **b.** (llegar) _____.

7. Cuando yo le **a.** (explicar) _____ a Diego que **b.** (necesitar, yo) _____ que me **c.** (ayudar) _____ con la tarea, ¡no quiso cooperar a menos que yo le

d. (pagar) _____ cien dólares! Le recordé que siempre que

él me **e.** (pedir) _____ ayuda, yo se la daba, y que por eso

sería justo que él me **f.** (ayudar) _____ ahora que yo lo

necesitaba.

8. Parecía que el chico cansado **a.** (dormirse) _____ tan

pronto como **b.** (acostarse) _____.

9. Señora, siento mucho que le **a.** (doler) _____ tanto los pies

recientemente. Siéntese y espere Ud. hasta que el doctor **b.** (poder)

_____ examinárselos.

10. Tan pronto como Sarita **a.** (ver) _____ al perro, empezó a gritar

porque tenía miedo de que el animal la **b.** (morder) _____.

11. ¡Ricardo! Solo cuando ya **a.** (hacer) _____ tu cama y

b. (bañarse) _____ te **c.** (permitir) _____ que

d. (salir) _____ con tus amigos.

12. Es necesario que Uds. **a.** (despertarse) _____ en cuanto

b. (ser) _____ las ocho para **c.** (llegar) _____

a la reunión a tiempo. ¡Ojalá que no **d.** (estar) _____ nevando

cuando **e.** (salir) _____!

13. Siempre **a.** (acostarse) _____ en cuanto **b.** (ser)

_____ las diez porque a esas horas estamos muy cansados.

14. Siempre se sirve el postre después de (comerse) _____ los

platos principales.

15. Dudaba que nosotros **a.** (ir) _____ a salir tan pronto como

Susana **b.** (llegar) _____ porque sabía que ella

c. (ir) _____ a querer **d.** (bañarse) _____

primero; nosotros saldríamos esa noche solo después de que ella

e. (maquillarse) _____ y **f.** (ponerse) _____

su vestido nuevo.

16. Normalmente pago las cuentas tan pronto como las (recibir)

_____ en el correo.

17. Ustedes **a.** (deber) _____ esperar bastante tiempo antes de

b. (casarse) _____; al menos hasta que **c.** (estar)

_____ seguros de que **d.** (amarse) _____

de verdad.

18. Te diré las noticias cuando las (saber) _____.

19. Paco, prefiero que tú no **a.** (salir) _____ esta noche

después de que nosotros **b.** (cenar) _____ porque así

puedes conversar con tus abuelitos. Si no es muy tarde, tan pronto como

ellos **e.** (irse) _____, puedes **f.** (salir)

_____ con tus amigos.

20. Me alegro de que no **a.** (haber) _____ más

preguntas aquí, pero voy a repasar estos ejercicios tan pronto como

b. (volver) _____ a casa, donde **c.** (pensar)

_____ repasarlos hasta que **d.** (entender)

_____ bien todo esto del subjuntivo.

D **El subjuntivo en resumen.** *Complete las siguientes oraciones escogiendo la manera más lógica de terminarlas según el sentido de la oración. Hay que tener en cuenta la secuencia de los tiempos verbales.*

1. Luis, haz tu tarea ahora mismo a menos que **a.** (querer)

   _____ que tu papá te **b.** (decir) _____ que

   la **c.** (hacer) _____ cuando él **d.** (volver)

   _____ de la oficina.

2. Mientras Anita **a.** (machacar)_____ unas cebollas, Julia

   cortaba la lechuga para que la ensalada **b.** (estar) _____

   lista en seguida.

3. Cuando yo **a.** (ser) _____ niño, nunca podía

   b. (hacer) _____ nada sin que mis padres lo **c.** (saber)

   _____; siempre me parecía increíble que **d.** (poder)

   _____ adivinar mis acciones antes de que yo las **e.** (hacer)

   _____.

4. Aunque Ana **a.** (sentirse) _____ mal antes, cuando

   José la **b.** (llamar) _____ para invitarla a

   c. (salir) _____ esa noche, le **d.** (decir)

   _____ que sí.

5. Nos gustaría que el profesor **a.** (cesar) _____ de

   atormentarnos porque ya hace semanas que nos **b.** (pedir)

   _____ que **c.** (aprender) _____ tantas

   formas verbales que no **d.** (poderse) _____ contar todas; de

   haber sabido que **e.** (haber) _____ tantas, nunca **f.** (volver)

_____ de las vacaciones. Pero es cierto que solo nos

g. (quedar) _____ poco del trimestre, y a menos que

h. (pasar) _____ algo inesperado o que **i.** (inventarse)

_____ otro tiempo verbal, no tenemos que tener miedo de

que **j.** (haber) _____ otro tiempo que no **k.** (estudiar)

_____ ya. Sólo será cuestión de que el profesor nos

l. (dejar) _____ en paz por fin.

6. Papá me iba a permitir que **a.** (conducir) _____ solo despúes

de que **b.** (tener) _____ 21 años. Me parecía injusto que él

c. (querer) _____ que yo **d.** (esperar) _____

tanto tiempo. Por eso esperaba con placer **e.** (conseguir)

_____ un trabajo que me **f.** (pagar) _____

mucho, e **g.** (ir) _____ a comprar un auto que me

h. (gustar) _____, **i.** (costar) _____ lo que

j. (costar) _____, cuando **k.** (conseguir) _____

por fin ese trabajo.

7. Aunque alguien me **a.** (ofrecer) _____ el pasaje gratis, no

iría a California por nada a no ser que yo **b.** (tener) _____

una garantía (*guarantee*) absoluta de que no **c.** (haber)

_____ terremotos, y está claro que nadie me **d.** (poder)

_____ **e.** (garantizar) _____ eso.

8. El Martín ese salía con tres chicas a la vez sin que ninguna **a.** (darse)

_____ cuenta de su engaño, aunque todos los amigos de las

pobres se lo **b.** (decir) _____ constantemente.

9. El jefe nos pidió que lo **a.** (llamar) _____ cuando

b. (terminar) _____ el proyecto y le **c.** (prometer)

_____ que haríamos lo que él **d.** (querer) _____.

10. Cuando lo **a.** (ver) _____, dile a Pepe que **b.** (ser)

_____ imposible que yo lo **c.** (acompañar)

_____ al cine esta noche.

11. Estudié anoche hasta que **a.** (dar) _____ las dos de la madru-

gada, pero eran las tres cuando por fin **b.** (dormirse) _____.

Cláusulas condicionales

E ¿**Presente o pasado?** *Exprese las siguientes oraciones en español.*

1. If I work, they pay me.

_____

_____

If they worked, I would pay them.

_____

_____

2. If she lives, they'll be happy.

_____

_____

If she died, they would be sad.

_____

_____

3. If we help the poor, they'll
eat better.

_____

_____

If they ate better, they would have
more energy.

_____

_____

4. If you think about it, you'll see that I am right.

If you were to think about it, you would understand my motives.

_____

_____

_____

_____

5. If it rained, we wouldn't go to the beach.

If it had rained, we would have stayed home.

_____

_____

_____

_____

F **«Como si», «por si» («acaso») y «ni que».** *Complete las siguientes oraciones según sus preferencias.*

1. Ella canta como si _____.

2. Él gasta dinero como si _____.

3. Te dejaré veinte dólares más por si _____.

4. Voy a llevar el paraguas por si _____.

5. ¿Piensas jugar en vez de escribir tu tarea? ¡Ni que _____.

_____!

6. Marco nos dijo que nos iba a ayudar con el aseo. ¡Ni que _____

_____!

G **¿Situaciones hipotéticas o no?** *Escriba la forma adecuada del verbo indicado para completar el sentido de las siguientes frases.*

1. Si pudiera vivir en cualquier lugar del mundo, me (gustar) _____

vivir en Puerto Rico.

2. De haber sabido que Rosa **a.** (ir) _____ a causar tanta

tensión en mi fiesta, nunca la **b.** (invitar) _____.

3. Siendo yo niño, si mi papá me **a.** (decir) _____ que

b. (parar) _____ el coche si yo no **c.** (comportarse)

_____ bien cuando **d.** (estar) _____ de

vacaciones, yo **e.** (saber) _____ que debía dejar de

molestar a mis hermanos en seguida.

4. No me gusta que Anita me **a.** (hablar) _____ como si yo no

b. (entender) _____ su situación.

5. Los daños **a.** (ser) _____ peores si los habitantes del

pueblo no hubieran sabido nada del peligro antes de que **b.** (llegar)

_____ ese huracán.

6. Si **a.** (ver) _____ a Esteban, dile que no quiero verlo más,

a menos que me **b.** (pedir) _____ perdón por lo que me

dijo la última vez que **c.** (salir) _____ con él.

7. No (haber) _____ tantos problemas con el desfile si hubiera

hecho mejor tiempo.

8. Si tu hada madrina (*fairy godmother*) (aparecer) _____

para concederte tres deseos, ¿qué le pedirías?

9. Si Ramón no (gastar) _____ tanto en ropa el mes pasado,

ahora tendría el dinero para pagar el alquiler.

10. Para que tú lo **a.** (saber) _____, aunque Noriberto me

b. (invitar) _____ a salir con él mil veces, no

c. (salir) _____ con ese tonto ni siquiera si él

d. (ser) _____ más guapo que Antonio Banderas.

11. Me parece muy mal que Juan **a.** (hablar) _____ como si lo

b. (saber) _____ todo.

12. Si Ramona (ver) _____ a Sara, nunca la saluda porque está

peleada con ella.

13. ¡Qué lindo sería si nosotros (llevarse) _____ bien!

14. Mientras yo **a.** (hablar) _____ con Sara anoche, nunca le habría

mencionado a Jorge si **b.** (saber) _____ que ella

c. (estar) _____ enojada con él.

15. De haber visto el otro coche a tiempo, (evitarse) _____

el accidente.

16. Eduardo se porta como si sus padres no le (enseñar) _____

buenos modales (*good manners*).

17. Si yo **a.** (tener) _____ que decirte una vez más que

b. (sacar) _____ la basura, ¡te arrepentirás!

18. Te aconsejo que **a.** (limpiar) _____ la casa antes de que

te **b.** (visitar) _____ tu suegra. Si la **c.** (ver)

_____ tan sucia, ¡se escandalizaría!

S E C C I Ó N L É X I C A

A **Palabras españolas de origen indígena.** *Llene los espacios en blanco con la letra de la palabra no asociada con las otras dos.*

		a	b	c
1.	_____	taza	plato	jícara
2.	_____	barbacoa	parrilla	cena
3.	_____	pera	tomate	jitomate
4.	_____	lápiz	goma	hule
5.	_____	paraguas	fondo	enagua
6.	_____	camote	cómoda	batata
7.	_____	ají	chile	azafrán
8.	_____	ferrocarril	pista	cancha
9.	_____	bohío	piedra	choza
10.	_____	grano	maíz	petaca
11.	_____	cuervo	comején	termita
12.	_____	hamaca	butaca	sillón
13.	_____	sacerdote	papa	patata
14.	_____	pradera	manta	sabana
15.	_____	ñapa	girasol	yapa
16.	_____	cobertizo	corrida	galpón
17.	_____	lata	chicle	goma de mascar
18.	_____	carey	tortuga	salamandra

19.	_____	piragua	bota	canoa
20.	_____	mandioca	yuca	roble
21.	_____	loro	cocuyo	luciérnaga
22.	_____	durazno	maní	cacahuate
23.	_____	guajalote	poncho	pavo
24.	_____	riachuelo	jefe	cacique
25.	_____	gallinazo	zopilote	bizcocho

B *To become*: **En el cine.** *Exprese en español, en los espacios en blanco, las expresiones de* become *o* get *que aparecen entre paréntesis.*

1) (*It was getting*) _____ de noche cuando por fin llegué al cine. Quería ver «Evita», la película de Madonna. **2)** (*I became*) _____ algo nervioso cuando supe que quedaban pocas entradas. Esperaba a un amigo y debíamos entrar, pero nunca vino. ¿Qué **3)** (*became of him*) _____? Acabé por ver «Evita» solo. Realmente me gustaba el personaje principal porque aunque nació pobre, **4)** (*she became*) _____ muy rica y poderosa. También **5)** (*became*) _____ un verdadero ícono para los pobres de la Argentina. Entonces, ¿cómo **6)** (*did she become*) _____ tan egoísta y materialista? Ese es uno de los aspectos contradictorios de su personalidad. Debo confesar que **7)** (*I became*) _____ admirador de Madonna por su talento para «vender» una canción. Pero, más que eso, su personaje **8)** (*became*) _____ cada vez más vulnerable en la película. No estoy de acuerdo con aquellos que dicen que Madonna **9)** (*became*) _____ actriz a pesar de no tener ningún talento dramático. Cuando salí del cine, **10)** (*it had gotten*)

_____ de noche. Todavía me preguntaba qué **11)** (*had become*)

_____ de mi amigo.

C *To become. Complete las siguientes oraciones con la expresión adecuada para decir* to become *en español. Tenga cuidado con el modo y el tiempo verbal que use.*

1. Todos los animales se sorprendieron de que el patito feo

_____ en un hermoso cisne.

2. Los estudiantes _____ muy tristes cuando vieron llorar a

su compañero.

3. Me especializo en inglés porque quiero _____ maestro de

ese idioma.

4. Nancy Kerrigan practicaba el patinaje día tras día y eventualmente

_____ una patinadora de calibre mundial.

5. Sí, sí, te recuerdo muy bien, pero, dime, ¿qué _____ tu

hermanito, el tímido?

6. Sin ganas de seguir estudiando para dentista, Ana _____

mesera, pero los clientes le daban pocas propinas.

7. _____ noche y todavía no habíamos llegado al hotel.

8. Mi abuela _____ viuda poco después de casarse, pero

volvió a contraer matrimonio con el hombre que iba a ser mi abuelo.

9. Al saber que nos había tocado el premio gordo de la lotería,

_____ locos de alegría.

10. Óyeme, Pepe. Si no estudias lo suficiente, tendrás que

_____ cocinero.

11. Quiero _____ tan rico como Bill Gates.

12. Después de muchos años de arduo trabajo, Inés por fin _____

presidenta de la empresa.

13. Como Carlota no ha dejado de comer, últimamente _____

muy gorda.

14. ¿Qué _____ esos chicos traviesos que vivían en nuestro

barrio cuando éramos niños?

15. Tenemos que regresar a casa antes de que _____ tarde

porque la niñera nos espera.

16. Por escuchar música muy fuerte por tantos años, Esteban _____

sordo a los 30 años.

6.4 PARA ESCRIBIR MEJOR

A **Trozos de una carta amarga.** *La siguiente carta resulta confusa porque se ha suprimido toda la puntuación, los signos de admiración y los signos de interrogación. Ponga los signos de puntuación necesarios.*

Querida Estela

No entiendo tu actitud dudo que pues no sé qué responderte. Cuando me escribiste Ya no quiero verte más se me ocurrieron dos preguntas ¿Cómo puede ser? y ¿Qué hice yo? Yo creía que eras feliz así me lo parecías saliendo conmigo. Fuimos a tantos lugares al cine al teatro a la playa Después de todas nuestras citas y excursiones siempre me decías lo mismo ¡Cómo me encanta tu compañía! ¿Qué ha pasado? ¿Yo me he convertido en un Mr. Hyde? ¿No fui para ti nada más que un tour guide que solo servía para distraerte? Recuerdo bien nuestra última conversación

¿Tendrías interés en acompañarme a una función de la ópera?

¡Ay claro Antonio me gustaría mucho cuando quieras!

¿Así que ahora no quieres verme más? Esto me ha herido en lo más profundo. Me has defraudado ¿Cómo pudiste? No no puedo creerlo ¿Cómo creer que fueras capaz de tal abuso de mi afecto que quieras romper conmigo. Escríbeme pronto para

B **«Esto debe estar en un museo».** *Los sucesos narrados en la lectura parecen estar sacados de una película «Indiana Jones». Por un lado están los que buscan tesoros para enriquecerse, que creen en el lema: «Yo me lo encontré, así que me lo quedo», y por otro están los que creen que los tesoros de la antigüedad pertenecen a todos y que todos deben poder disfrutarlos. Están de acuerdo con Indiana Jones, en que «Esto debe estar en un museo». ¿Qué cree Ud.? Si uno tiene la suerte de descubrir algunos artefactos valiosos, ¿tiene el derecho a quedarse con ellos o a venderlos? ¿O es que los gobiernos tienen el deber de confiscar y proteger las antigüedades halladas por individuos? Explique su opinión.*

_____

_____

_____

_____

_____

_____

_____

C **¿Cuál es la diferencia?** *En «El Señor de Sipán» se dice que el gobierno peruano intervino en el saqueo de las tumbas mochica para asegurar la protección y conservación de artefactos de una rica cultura precolombina. No podía permitir que tales tesoros fueran la propiedad de algunos individuos. En cambio, se les permite a los que buscan tesoros hundidos en los mares quedarse con lo que encuentren, aunque los artefactos hallados también pueden ser de culturas antiguas. ¿Cómo se explica esta diferencia de política? ¿Resulta del hecho de que los océanos no pertenecen a ninguna nación en particular? ¿Puede ser por una cuestión práctica, pues sería difícil reclamarles a los cazadores de tesoros marítimos que devolvieran lo hallado? ¿Habría que exigirles a los que descubren tesoros hundidos que se los devuelvan al país de origen? Explique Ud. sus opiniones.*

_____

_____

_____

_____

_____

_____

_____

_____

_____

_____

CAPÍTULO 7

EL SUEÑO AMERICANO

7.1 | L E C T U R A |

«'La Bestia', un viaje a ninguna parte» (Jon Sistiaga, «El País Internacional»)

A **Un resumen.** *Complete el párrafo siguiente con los vocablos presentados a continuación.*

a lomos	corredor	fallecen	narcos
albergues	dar por	fiables	pegada a
amenazas	desgasta	fiscalía	polizones
angostos	despeñen	foco	polleros
apeadero	destila	fosa	procurando
asomarse	discurre	fusilaron	reclame
atronador	distinguir	garrotes	recorrido
avejentados	elige	hospedan	remolque
baja la guardia	en marcha	hueco	rodear
captar	enerva	justificación	se codicia
circunspectamente	estupor	maras	se cohíban

se desperezan	silbidos	traqueteo	veredas
se despide	tienden a	tributo	violada
se resbalan			

Mientras Jon Sistiaga espera la salida del tren 'La Bestia', visita los
(1) _____ que (2) _____ a los centroamericanos que
quieren atravesar México para entrar en los EE. UU. El (3) _____ es
peligroso: los migrantes pueden sufrir accidentes, o ser secuestrados o asesinados.
No llevan documentación para que no los deporten si los detienen, pero por eso son
una presa (*prey*) fácil para los (4) _____ que son capaces de matarlos.
Sin documentación, no habrá nadie que los (5) _____ y terminarán en
una (6) _____ común. Sistiaga conoce al Padre Solalinde, un hombre
que (7) _____ bondad, según el narrador. El sacerdote recibe a los
migrantes que llegan (8) _____ de 'El devoramigrantes' y los acoge,
aunque sabe que entre ellos puede haber (9) _____, guías que son
capaces de secuestrar y extorsionar a los que les han pagado 2.000 dólares por
llevarlos a los EE. UU. Según la (10) _____ mexicana, las ganancias
por esos crímenes suman millones de dólares. Pero lo que más
(11) _____ a Solalinde es la situación de las mujeres. El sacerdote
comenta (12) _____ que la mayoría es (13) _____, pero
las víctimas (14) _____ no denunciar al violador para evitar
consecuencias negativas y por eso las estadísticas no son (15) _____.
El jefe de estación le recomienda a Sistiaga que se suba a un (16) _____
de cemento porque hay más espacio entre los vagones, y también le da dos

(**17**) _____ para que tenga con qué defenderse si las (**18**)

_____ lo atacan. A las tres de la mañana suenan dos (**19**)

_____ y el tren sale de la estación. Sistiaga y su equipo de filmación

corren porque tienen que subirse al tren (**20**) _____,

(**21**) _____ no ser succionados por la inercia que causan las ruedas del

tren. Si los migrantes (**22**) _____ o son empujados durante un asalto,

muchos (**23**) _____ o quedan lisiados. Es el (**24**) _____

que exige 'El tren de la muerte'. A pesar del peligro, todos los migrantes se suben al

tren que esperan que los lleve por el (**25**) _____ México–EE. UU.

Sistiaga (**26**) _____ un vagón cementero, pero no tiene suerte porque

tres jóvenes ya ocupan el (**27**) _____. (**28**) _____ el

espacio del centro porque protege mejor del mal tiempo. Sistiaga enciende el

(**29**) _____ de la cámara, esperando que los jóvenes

(**30**) _____ si son 'halcones'. El ruido que hace el tren es

(**31**) _____ y en los pasos (**32**) _____ el

(**33**) _____ del tren es casi insoportable. De noche es peligroso

(**34**) _____ para tratar de (**35**) _____ por dónde va el

tren porque una rama de un árbol (**36**) _____ la vía puede golpear y

tirar abajo a un migrante. Los jóvenes le dan sus nombres a Sistiaga y él ya duda que

sean 'halcones', pero sin embargo no (**37**) _____. Le cuentan sus

historias, pidiéndole que se acuerde de sus nombres en caso de que se caigan del tren

o que los (**38**) _____ los narcos. A eso de las cinco de la mañana

pasan por un (**39**) _____ en Oaxaca y los (**40**) _____ le

advierten a Sistiaga que entran en el territorio de los Zetas y que si el tren se para sin

(41) _____, él debe correr hacia el bosque para salvarse. Más tarde el

tren **(42)** _____ por **(43)** _____ grandes y los viajeros

(44) _____ lo mejor posible. Por fin el tren llega a la estación, donde

unos garroteros les mandan a gritos con **(45)** _____ a los migrantes que

se bajen de los vagones. Los migrantes obedecen, pero van a **(46)** _____

la estación para subirse al tren otra vez cuando salga. Todos parecen

(47) _____ por el viaje que los **(48)** _____ y Sistiaga

(49) _____ de sus compañeros de viaje. Marvin le pregunta adónde va y

Sistiaga le explica que quiere ir a San Fernando porque fue allí donde los Zetas

(50) _____ a migrantes a los que trataron de **(51)** _____

para el narco; la contestación le causa **(52)** _____ al joven. Por último,

Marvin le avisa a Sistiaga que si este no recibe un correo electrónico del joven dentro

de un mes, que lo debe **(53)** _____ desaparecido o por muerto.

B **Asociaciones.** *Escoja la palabra o frase que no tenga relación con las otras dos.*

	a	**b**	**c**
1. _____	camino	vereda	galería
2. _____	espacio	rincón	hueco
3. _____	acostado	a lomos	en el techo
4. _____	ruido	traqueteo	huella
5. _____	captar	soltar	reclutar
6. _____	justificación	causa aparente	contestación
7. _____	punto	bombilla	foco
8. _____	fiable	confiable	aparente

9.	_____	discurrir	distender	avanzar
10.	_____	recorrido	viaje	experimento
11.	_____	exasperar	espantar	enervar
12.	_____	considerar	dar por	tropezar con
13.	_____	propio	mismo	adecuado
14.	_____	pesadez	estupor	asombro
15.	_____	pago	tributo	característica
16.	_____	pegado a	fundido	demasiado cerca
17.	_____	desear	codiciar	buscar
18.	_____	albergue	descanso	refugio
19.	_____	sentirse cohibido	sentirse abatido	tener miedo
20.	_____	en el camino	en marcha	en movimiento
21.	_____	de cualquier manera	como sea	por si acaso
22.	_____	demoler	tirar hacia abajo	despeñar
23.	_____	intimidar	sugerir	amenazar
24.	_____	procurar	deliberar	tratar de
25.	_____	ruta	corredor	apeadero
26.	_____	fosa	tumba	cueva
27.	_____	fiarse de	temer a	confiar en
28.	_____	redondo	circunspecto	serio
29.	_____	pandilla	mara	malestar
30.	_____	elegir	considerar	escoger

A **El artículo definido.** *Escriba, lo más rápido posible, el artículo definido correcto para los siguientes sustantivos. Después, corrija y califique este «examen» según las respuestas y la escala que se dan a continuación.*

1. _____ aceite	11. _____ jugo	21. _____ vez
2. _____ apretón	12. _____ labor	22. _____ frase
3. _____ azúcar	13. _____ material	23. _____ galán
4. _____ bar	14. _____ mensajes	24. _____ gente
5. _____ cañones	15. _____ problema	25. _____ montaje
6. _____ doblaje	16. _____ análisis	26. _____ personaje
7. _____ ejemplo	17. _____ radiografía	27. _____ papeles
8. _____ mansión	18. _____ sistemas	28. _____ vigores
9. _____ inglés	19. _____ rodaje	29. _____ violín
10. _____ idioma	20. _____ telegramas	30. _____ voces

Respuestas correctas: las (30), la (8, 12, 17, 21, 22, 24), los (5, 14, 18, 20, 28), el (todos los demás números).

Número de respuestas correctas	Escala de notas
28-30	¡Fenomenal!
25-27	Muy bien.
21-24	Bastante bien.
17-20	Hay que estudiar un poquito más.
13-16	¡Hay que estudiar más!
0-12	¡Hay que estudiar mucho más!

B **Circunstancias personales.** *Complete los siguientes segmentos con el artículo indefinido cuando sea necesario. Si no se necesita, escriba una X en el espacio en blanco.*

1. **a)** ___ vez yo hice de intérprete para **b)** ___ famoso dramaturgo español. Todo resultó bastante bien, al fin y al cabo, pero **c)** ___ problema especialmente grave tenía que ver con **d)** ___ cierto aspecto de su personalidad. ¡Le gustaba hablar! Si decía solamente **e)** ___ o dos frases, no había **f)** ___ problema. Pero, generalmente decía todo **g)** ___ párrafo antes de hacer una pausa. En tales circunstancias yo solo podía resumir en vez de traducir **h)** ___ palabra por palabra.

2. En 1965 mi mujer y yo pasamos un año en Madrid. El español no era **a)** ___ problema, puesto que los dos lo hablábamos bien. Pero nos gustaba ver **b)** ___ película en inglés de **c)** ___ vez en cuando. **d)** ___ cierta noche fuimos a ver **e)** ___ nueva película no doblada al español. El cine estaba lleno, pero solo mi mujer y yo nos reímos a menudo porque había **f)** ___ gran discrepancia entre el diálogo hablado y los subtítulos. Esto se debía, sin **g)** ___ duda, a **h)** ___ fuerte censura.

3. Ayer conocí a **a)** ___ sobrina mía. Nació hace solo **b)** ___ mes. Se llama Estefanía y tiene **c)** ___ manitas muy pequeñas. Por ejemplo, los cinco deditos de **d)** ___ mano podían cubrir solo **e)** ___ pulgar mío. ¡Qué **f)** ___ impresión! La puse sobre mis rodillas y le canté **g)** ___ aria de Verdi. Pareció gustarle porque en seguida se quedó dormida.

C **¿El artículo definido, indefinido o neutro?** *Complete las siguientes oraciones con el artículo apropiado cuando sea necesario. Si no hace falta un artículo, escriba una X en el espacio en blanco. Use contracciones cuando sea apropiado.*

1. **a)** _____ lunes siempre lo paso mal. **b)** _____ clases empiezan a **c)** _____ ocho y media, pero **d)** _____ malo es que no me despierto hasta dos horas más tarde.

2. No me sientan bien **a)** _____ manzanas verdes. Solo **b)** _____ maduras me caen bien.

3. No te puedes imaginar _____ deliciosa que fue esa cena.

4. Hace más de cincuenta años que Isabel **a)** _____ II subió a **b)** _____ trono.

5. ¡Nunca había visto tal **a)** _____ cosa! Fue de **b)** _____ más raro ver a Andrés con **c)** _____ tatuaje que le cubría casi todo **d)** _____ cuerpo.

6. Tengo **a)** _____ pelo muy largo; me hace falta **b)** _____ corte.

7. Hay **a)** _____ cierta ambigüedad en su respuesta. Tendré que hacerle **b)** _____ otra pregunta para aclararla.

8. Para mí, _____ mejor de este cuento es que es muy corto.

9. A **a)** _____ quince años supe lo que era **b)** _____ amor; dos meses después ya sabía que con **c)** _____ amor viene el dolor.

10. Quiero que me compres **a)** _____ libra de **b)** _____ carne que se vende en esa carnicería de **c)** _____ calle Aguilar, pero si no la tienen, tráeme **d)** _____ carne de cualquier carnicería.

11. Sé que Benjamín no es **a)** _____ abogado, sino **b)** _____ dentista muy hábil.

12. Aunque existen **a)** ____ medios para aliviarla, **b)** ____ hambre sigue siendo

c) ____ problema más grande de **d)** ____ mundo.

13. a) ____ bueno es que no habrá **b)** ____ clases **c)** ____ lunes, pero sin

embargo voy a tener que estudiar **d)** ____ matemáticas y **e)** ____ lección de

f) ____ física para **g)** ____ martes.

D **¿Un diálogo amoroso?** *Complete las oraciones con las preposiciones de la lista más apropiadas. Algunas se usan más de una vez.*

con / contra / de / desde / en / entre / por / según / sin / tras

—Aquí llueve tanto **(1)** _____ verano como **(2)** _____ invierno,

¿verdad?

—¿Por qué dices eso? Tú siempre hablas mal **(3)** _____ mi país,

(4) _____ una queja **(5)** _____ otra.

—No, mujer, no estoy **(6)** _____ tu tierra. ¿No has notado que llevo

(7) _____ lo menos diez minutos **(8)** _____ decir nada negativo?

—(*Riéndose*) **(9)** _____ tus ideas, aquí vivimos en un lago.

—Mejor nadamos, chica. La verdad es que me han salido unas pequeñas

membranas **(10)** _____ los dedos de los pies.

—Pues, **(11)** _____ hoy podrás nadar mucho mejor, ¿no?

E **Expresiones adverbiales con «a».** *¿Qué frase de la derecha corresponde a los siguientes modismos?*

_____ **1.** a la fuerza   **a)** sin pensar

_____ **2.** a oscuras   **b)** sin luz

_____ **3.** a tontas y a locas   **c)** no de una vez, sino por pasos

_____ **4.** a escondidas   **d)** con pleno conocimiento

_____ **5.** poco a poco   **e)** sin tener ganas o sin querer hacer algo

_____ **6.** a lo loco   **f)** sin revelárselo a nadie

_____ **7.** a ciegas   **g)** sin juicio ni sensatez

_____ **8.** a propósito   **h)** con intención

_____ **9.** a sabiendas   **i)** sin saber

F **La preposición «a».** *Escriba la preposición «a» en los espacios en blanco si hace falta. Si no, escriba una X. Use contracciones cuando sea apropiado.*

1. No conozco **a)** _____ nadie **b)** _____ quien le guste hacer cola.

2. Eduardo sabe cocinar _____ de maravillas.

3. Esos pájaros les dan de comer gusanos e insectos _____ sus pajaritos.

4. Cuando por fin llegamos _____ el teatro, nos dijeron que no quedaban más

entradas.

5. Mi papá tiene que trabajar solo cuatro días _____ la semana.

6. Esteban vino **a)** _____ decirnos que no había podido encontrar

b) _____ nuestra querida perrita perdida.

7. Ana dejó caer el plato **a)** _____ propósito para llamarle la atención

b) _____ su marido distraído.

8. Cuando estudies, trata de no traducir _____ el inglés.

9. Martita empezó **a)** _____ gritar de miedo cuando vio que

b) _____ el doberman corría hacia ella.

10. El demagogo incitó **a)** _____ sus oyentes **b)** _____ subir **c)** _____ el Capitolio.

11. Necesito _____ un abogado que no cobre muy caro.

12. El pobre David tuvo que volver **a)** _____ casa **b)** _____ pie porque se le había descompuesto el auto cuando regresaba del trabajo.

13. Poco _____ poco voy dándome cuenta de lo interesante que es la gramática.

14. Tenían _____ el asesino múltiple en un presidio de máxima seguridad.

15. —¿ _____ qué fecha estamos?

—Hoy es el 22.

7.3 | S E C C I Ó N   L É X I C A |

A **Las palabras compuestas.** *Escoja la palabra compuesta de la lista que complete mejor el sentido de las oraciones siguientes.*

bancarrota   hombre-mono   rompecorazones   tragaluz

guardabosque   limpiaparabrisas   sacapuntas   vaivén

guardaespaldas   matasanos

1. Ese mafioso no va a ningún lugar sin sus _____ , por si alguien lo ataca.

2. ¿Dónde está el _____? Casi no se puede escribir con este lápiz.

3. El _____ no nos permitió prender una fogata porque todo estaba muy seco en el parque nacional.

4. Necesito cambiar los _____ porque no puedo ver nada cuando manejo en la lluvia.

5. A Maricarmen y a Maite les gustaba observar el _____ constante de la gente que paseaba por la calle.

6. La _____ de la compañía multinacional tuvo repercusiones en varios países.

7. No debes consultar al Dr. Sánchez porque dicen que es un _____ de los peores.

8. Ramón es un _____ despiadado. Ha tenido toda una serie de novias y las ha dejado a todas deshechas en lágrimas.

9. El _____ más famoso del cine es Tarzán.

10. Instalaron un _____ en el techo de la cocina y ya no está tan oscura.

B ¿**«Parecer» o «parecerse a»?** *Complete las siguientes oraciones con una forma de* **parecer** *o* **parecerse a** *según el contexto. Tenga cuidado con el tiempo verbal que use, y use contracciones cuando sea necesario.*

1. Ese hombre **a)** _____ mi tío Luis, tanto que

b) ¡_____ gemelos!

2. El cuarto de Lupita _____ un desastre por estar tan desarreglado.

3. Esta película **a)** _____ la que vimos el fin de semana pasado, y hasta los actores de esta **b)** _____ los de aquella. ¿Será la misma?

4. Con el cuello tan largo, esa mujer _____ un cisne, ¿no?

5. Después de llevar muchos años juntos, algunos matrimonios llegan a

_____ bastante.

6. Tu piscina _____ un lago, ¡de lo grande que es!

7. Me equivoqué en el hotel y traté de entrar en la habitación de al lado porque

la puerta _____ la de la mía.

8. Todos los niños _____ unos ángeles cuando están

dormidos.

7.4   P A R A   E S C R I B I R   M E J O R

A   **Un diálogo vivo.** *Originariamente se usaron solo formas de **decir** para indicar el intercambio entre las dos personas del siguiente diálogo. Como eso resultaba algo monótono, se han eliminado todas esas formas. Sustitúyalas con formas de los verbos de la lista que se da a continuación, usando el pretérito. No use más de dos veces el mismo verbo. Si no se necesita un pronombre de complemento indirecto según el verbo elegido, táchelo del texto.*

anunciar	gritar	pedir	quejarse	señalar
añadir	insistir	preguntar	razonar	responder
contestar	murmurar	prometer	repetir	
exclamar	observar	protestar	replicar	

—¡Qué mañana más linda! —le **(1)** _____ Susana al abrir la

ventana—. En un día así me dan ganas de ir al parque. ¿Qué te parece,

Manolo? —le **(2)** _____.

—Pues, para mí —le (3) _____ su esposo—, como dicen que hoy va a llover, creo que será mejor que nos quedemos en casa.

—¡Ay, no! —le (4) _____ Susana—. Nunca quieres salir de casa. Nunca vamos a ningún lado —le (5) _____.

—Eso no es cierto —le (6) _____ Manolo—. ¿No fuimos a cenar al Malecón el mes pasado? —le (7) _____.

—¡El mes pasado! —le (8) _____ su esposa—. ¡Es como si me dijeras el año pasado! —le (9) _____.

—No exageres, mi amor —le (10) _____ Manolo—. ¿Para qué quieres salir tanto? —le (11) _____.

—¡Mira! —le (12) _____ Susana—. Yo voy a aprovechar este bonito día. Me encantaría que lo pasaras conmigo, pero de todos modos yo voy a salir —le (13) _____.

—No te pongas así, querida —le (14) _____ tiernamente Manolo—. Tal vez no vaya a llover, y siempre podemos llevar un paraguas por si acaso —le (15) _____—. Espérame un ratito y estaré listo para acompañarte adonde quieras —le (16) _____.

—Gracias, mi amor —le (17) _____ Susana—. Verás que hoy vamos a divertirnos fenomenalmente.

B **Conversaciones.** *En « 'La Bestia', un viaje a ninguna parte», Jon Sistiaga traba conversación con varias personas: con el Padre Solalinde, con el jefe de la estación de tren y con Marvin y sus compañeros; pero no se nos presentan los diálogos entre estas personas, sino solo un resumen de lo que dicen. Empleando como modelo la estructura de diálogo de la actividad A de esta sección y basándose en los resúmenes de las conversaciones, elija Ud. uno de los intercambios de Sistiaga y escriba un diálogo que presente la misma información.*

_____

_____

_____

_____

_____

_____

_____

_____

_____

_____

_____

_____

C 'La Bestia'. *Hay varios personajes en la lectura de este capítulo: Jon Sistiaga, el Padre Solalinde, Marvin y los otros migrantes con quienes viajan Sistiaga y su equipo de filmación, los Zetas, etc. Pero el tren mismo también es un personaje. Además de los nombres que se le ponen ('La Bestia', 'El devoramigrantes'), ¿se ha fijado Ud. en unos de los recursos estilísticos empleados por el narrador que hacen que el tren parezca un animal, un peligrosísimo animal salvaje? Escriba algunos ejemplos de estos recursos. ¿Qué propósito cree Ud. que tiene el narrador al presentar un medio como si fuera una fiera* (wild animal)? *¿Ayuda a destacar los peligros y las amenazas experimentados por los migrantes? Explique su opinión.*

_____

_____

_____

_____

_____

_____

_____

_____

_____

_____

_____

_____

_____

_____

_____

_____

ENTRETENIMIENTOS

8.1 | L E C T U R A |

«Las telenovelas» (Manuel Menéndez Román)

A **Un resumen.** *Complete el párrafo siguiente con los vocablos presentados a continuación.*

ambientación	de la nada	han surgido	por todo lo alto
bachillerato	de paso	incongruencias	se contenten
conquista	empresa	lagaña	se le funde el bombillo
cubertería	enrolladas	lidiar	tramas
cuenta con	hacía caso	meten presa	

Según Manuel Menéndez Román, la mayoría de las telenovelas tiene

(1) _____ que son muy **(2)** _____ y en las que los

personajes son o santos o diablos. La **(3)** _____ musical que acompaña

las telenovelas es exagerada con el fin de hacerlas parecer más interesantes de lo que

son. Típicamente los protagonistas son un joven adinerado y una joven pobre que se

enamoran a pesar de ser de clases sociales distintas. Dejando aparte las muchas

dificultades familiares, los enamorados tienen que **(4)** _____ con

circunstancias poco comunes: la joven pierde la memoria, o se queda ciega, o la

(5) _____. Tampoco está claro el parentesco de la muchacha, que va cambiando mucho con el avance del argumento. A Menéndez Román le es difícil creer que después de tantas complicaciones, los dos protagonistas **(6)** _____ y que **(7)** _____ se casen **(8)** _____. Hay que planear una boda por años, pero los reconciliados logran arreglar la suya **(9)** _____.

La familia del joven rico vive en una casa enorme que **(10)** _____ con muchos pisos, empleados uniformados y otros lujos. A la hora de comer, los familiares se sientan a la mesa con una **(11)** _____ de plata, pero la familia apenas come de la mucha comida que se le sirve. Desde muy temprano por la mañana, las mujeres de la familia andan bien vestidas y arregladas, sin **(12)** _____ alguna ni otro indicio de que acaban de levantarse.

Menéndez Román resume los varios tipos de las telenovelas actuales. Predominan las de «niña pobre-niño rico», pero de vez en cuando **(13)** _____ a algún guionista que invierte el papel de los dos protagonistas. Recientemente **(14)** _____ novelas del tipo «Betty la Fea» en las que una muchacha poco atractiva se convierte en una bella y sagaz profesional, que no solo **(15)** _____ al objeto de su cariño, el cual no le **(16)** _____ hasta entonces, sino que también gana control de la **(17)** _____ de él.

Pero para Menéndez Román, las «mayameras» llegan al extremo de lo ilógico por sus muchas **(18)** _____.

También hay telenovelas para jóvenes. Sus argumentos son semejantes a los de los otros tipos, pero las circunstancias se ajustan a la vida estudiantil. El problema es que a veces los actores parecen muy mayores para interpretar el papel de un estudiante de **(19)** _____.

B **Asociaciones.** *Escoja la palabra o frase que no tenga relación con las otras dos.*

	a	b	c
1. _____	esperar	contar con	tener
2. _____	encarcelar	atrapar	meter presa
3. _____	envuelto	enrollado	complicado
4. _____	escuela secundaria	bachillerato	soltería
5. _____	inundar	aparecer	surgir
6. _____	argumento	trama	mentira
7. _____	además	lentamente	de paso
8. _____	luchar	tapar	lidiar
9. _____	engañar	enamorar	conquistar
10. _____	juego de cubiertos	techo	cubertería
11. _____	¡Cuidado!	¡Ojo!	¡Caray!
12. _____	compañía	jaula	empresa
13. _____	con gran pompa	muy fuerte	por todo lo alto
14. _____	composición musical	música de fondo	ambientación musical
15. _____	alegrarse	reconciliarse	contentarse
16. _____	prestarle atención	hacerle caso	mimar
17. _____	como por magia	de la nada	desaparecer

8.2 ‖ S E C C I Ó N   G R A M A T I C A L ‖

A **Parejas de preposiciones.** *¿Cuándo deben emplearse **a**, **de**, **en** o **con**? Para facilitar su práctica con las preposiciones, se presentan, a continuación, varios párrafos que contrastan el uso de solo dos preposiciones a la vez. Complete las oraciones con una de las dos preposiciones indicadas. Use una contracción (**al, del**) cuando sea necesaria.*

1. ¿«A(l)» o «de(l)»?

Alejandro vino **a)** _____ la oficina de la decana **b)** _____ quejarse **c)** _____ uno de sus profesores porque quería protestar por la mala nota que él acababa **d)** _____ darle. En cuanto la decana se enteró **e)** _____ (el) asunto, se puso **f)** _____ parte **g)** _____ (el) maestro. Alejandro se atrevió **h)** _____ insistir con la decana, pero **i)** _____ (el) final, tuvo que cambiar **j)** _____ táctica: se olvidó **k)** _____ su protesta y se fue.

2. ¿«En» o «de(l)»?

Alejandro insistió **a)** _____ hablar una vez más con la decana. Esta entró **b)** _____ su oficina y se sentó a escucharlo **c)** _____ muy mala gana. **d)** _____ ese mismo momento el pobre muchacho notó que **e)** _____ (el) escritorio había una copia de su expediente académico (*transcript*). Entonces la decana le preguntó a Alejandro por qué se preocupaba tanto por una sola nota mala cuando su posición académica en general estaba **f)** _____ peligro. Él seguramente pensó que la decana le hablaba **g)** _____ broma, pero no, se lo decía absolutamente **h)** _____ serio. Alejandro obviamente no podía confiar

i) _____ la decana. Se apoyó momentáneamente j) _____ (el) escritorio, vacilando k) _____ aceptar toda la verdad de su situación. ¿Pensaban l) _____ expulsarlo?

3. ¿«En» o «con»?

No sé qué puedo hacer a) _____ ese estudiante Alejandro. Entiendo que está desilusionado b) _____ la nota baja que le dio el profesor Acevedo, pero ¿por qué se empeña c) _____ tratar de convencerme de que no la merecía? Claro, todos los estudiantes sueñan d) _____ tener éxito e) _____ los estudios, pero si Alejandro no se ha molestado f) _____ asistir a clase y ha tardado tanto g) _____ entregar su tarea, ¿qué cree él que puedo hacer yo? ¿Acabar h) _____ los requisitos del curso? ¿i) _____ qué estará pensando? Lo mejor será que el profesor Acevedo y Alejandro queden j) _____ que el chico cumpla k) _____ su deber, pero, la verdad, no confío l) _____ la dedicación del muchacho. No quiero que la situación se convierta m) _____ un pastel, pero tampoco puedo permitir que el perezoso se salga n) _____ la suya.

B **¿Qué preposiciones?** *Complete las siguientes oraciones con la preposición correcta. Ahora no se limitan a solo dos. Incluso hay algunos espacios que no necesitan nada, en los cuales se debe escribir una X. Use una contracción cuando sea necesaria.*

Hacía días que Alejandro buscaba (1) _____ una solución (2) _____ su dilema, pero no conseguía (3) _____ encontrar ninguna que realmente le satisficiera. Por eso, después (4) _____ una semana, se dirigió (5) _____ la decana una vez más, lleno (6) _____ esperanza. Pero no contó (7) _____ la reacción (8) _____ ella. ¿(9) _____ quién se le habría ocurrido pensar que la decana se impacientara **(10)** _____ él? Bueno, cuando no logró **(11)** _____ nada positivo

(12) _____ ella, volvió **(13)** _____ la residencia, perturbado, pero no resignado.

Fue entonces cuando él pensó **(14)** _____ ...

C **Un desafío.** *Escriba oraciones originales a base de los siguientes verbos y preposiciones.*

1. compadecerse de _____

_____

2. padecer de _____

_____

3. avergonzarse de _____

_____

4. comprometerse con _____

_____

5. empeñarse en _____

_____

D **Unas preposiciones más.** *Complete las siguientes oraciones con la preposición correcta. Hay algunos espacios que no necesitan nada, en los cuales se debe escribir una X. Use una contracción cuando sea necesaria.*

1. Cuando los chicos acabaron **a)** _____ ver la exhibición, quedaron

b) _____ volver **c)** _____ el museo el fin de semana siguiente.

2. Daniel se puso _____ gritar cuando se le acercó el dentista.

3. Debemos _____ esperar aquí hasta las cinco.

4. La señora tardó _____ contestarme y me puse furioso.

5. Ricardo se obstina **a)** _____ decir tonterías y se niega **b)** _____ hablar en serio.

6. ¿Viniste **a)** _____ hablar **b)** _____ Margarita y no te acordaste **c)** _____ llamarla antes?

7. Ofelia se arrepintió **a)** _____ venir al cine e insistió **b)** _____ regresar sin ver toda la película.

8. El aburrido orador empezó **a)** _____ presentar un análisis detallado del desconocido personaje y decidimos **b)** _____ irnos porque no podíamos **c)** _____ resistir otra hora de aburrimiento.

9. Paco se enamoró **a)** _____ Marta y se casó **b)** _____ ella poco después.

10. Si el éxito del proyecto depende **a)** _____ mi ayuda, podéis contar **b)** _____ mi apoyo.

11. Jorge acababa **a)** _____ terminar sus tareas cuando su compañero de cuarto entró **b)** _____ la habitación.

12. Marcos nunca se ha interesado **a)** _____ limpiar su apartamento.

13. a) _____ verano trabajo **b)** _____ voluntario en un hospital que está cerca **c)** _____ mi casa.

14. Si Uds. trataran **a)** _____ impedir que viniera, no tendrían éxito porque ese siempre se sale **b)** _____ la suya.

15. Juan buscaba **a)** _____ el verdadero sentido de la vida, pero nunca dio **b)** _____ nada que le sirviera **c)** _____ explicación razonable.

16. Oliver Twist se atrevió **a)** _____ pedir **b)** _____ más budín.

17. Marta y yo pensamos **a)** _____ viajar por el Canadá cuando terminemos

b) _____ estudiar este año.

18. Quise **a)** _____ decirle a Julia lo de su novio, pero ella se negó

b) _____ escucharme.

19. La mamá le recordó **a)** _____ el niño que limpiara su cuarto e insistió en

que no se olvidara **b)** _____ hacerlo.

20. De niño, yo soñaba **a)** _____ ser piloto, pero más tarde me di cuenta

b) _____ que no veía bastante bien para esa profesión y dejé

c) _____ pensar **d)** _____ eso.

8.3 | S E C C I Ó N   L É X I C A |

A **¿Qué quieren decir?** *Determine el sentido de las palabras en cursiva según el contexto y escriba en el espacio en blanco la palabra correspondiente en inglés.*

1. Hay una gran *discrepancia* entre las dos versiones del accidente.

_____

2. La mujer reportó con *amargura* el abuso que había sufrido.

_____

3. En la *oscuridad* no se podía distinguir nada. _____

4. Por ser tan popular la película, asistía al cine una gran *multitud* de gente

cada noche. _____

5. A pesar de tener Marta solo quince años, a todos les llamaba la atención su *madurez.* _____

6. Rodeada de gente desconocida, la joven miraba de reojo con *inquietud* a los desconocidos. _____

7. La vida de la Madre Teresa ha inspirado a muchos por su *espiritualidad.*

_____

8. Durante la fiesta, los invitados se disgustaron por la *embriaguez* de Andrés, quien tomó mucho más vino de lo debido. _____

9. Una persona generosa comprende y perdona las *flaquezas* de sus amigos.

_____

10. A mí me importa mucho la *limpieza*; quiero que todo esté bien arreglado y en su lugar. _____

11. La *adolescencia* puede ser un período bastante difícil para muchos jóvenes.

_____

12. En cambio, la *vejez* también les puede ofrecer muchos problemas a los ancianos. _____

13. Estos muebles son de *hechura* muy buena; se nota su calidad de inmediato.

_____

14. Con tanto llover y el calor incesante, la *humedad* resultante les molestaba a todos. _____

15. La *rareza* del estudiante consternaba a todos sus maestros.

_____

16. Compré estas sábanas por su *suavidad*; dormir sobre ellas es como dormir

sobre una nube. _____

17. Para ser locutor de radio, importa mucho la *resonancia* de la voz.

_____

18. Ricardo hacía tantas *locuras* que nadie lo tomaba en serio.

_____

B **To run.** *Complete la siguiente narración escribiendo las diferentes palabras y expresiones usadas para expresar* to run *en español.*

He tenido un día bastante difícil hoy. Me desperté tarde porque parecía que mi

despertador no (**1.** *was running*) _____ bien y por eso

tuve que salir (**2.** *running*) _____ para el trabajo. Hay un autobús que

(**3.** *runs*) _____ de mi vecindario al centro, pero como iba a llegar

tarde, decidí conducir el coche aunque no (**4.** *was running*) _____

muy bien tampoco. Había llovido mucho toda la noche y como los arroyos

(**5.** *were running over*) _____, el agua que (**6.** *was running*)

_____ por las calles hacía la superficie muy resbaladiza. Pensando

en lo que me iba a decir mi jefe, me distraje y perdí control del auto y (**7.** *I ran into*)

_____ una cerca que (**8.** *ran around*) _____ un

parque. Bajé del carro para evaluar el daño y me di cuenta de que las reparaciones

(**9.** *were going to run*) _____ mucho, pero eso no tenía remedio y por

lo menos no (**10.** *run over*) _____ a ningún peatón. Por fin llegué al

trabajo, pero seguí teniendo dificultades. Yo (**11.** *run*) _____ el

departamento de ropa para caballeros en un almacén y por la mañana llegó un envío de trajes italianos, pero descubrí que toda la ropa (**12.** *ran*) _____

pequeña. Por la tarde a nosotros (**13.** *run out*) _____ todas las

camisas de algodón que estaban en oferta y muchos clientes se quejaron y dijeron

que el resto de la mercancía era (**14.** *run of the mill*) _____. De

veras, con todos esos líos, en un momento ¡tuve ganas de (**15.** *run away*)

_____! Por fin era hora de dejar de trabajar, pero no me sentía bien

cuando llegué a casa y ahora creo que (**16.** *I'm running a*) _____

fiebre y me (**17.** *is running*) _____ la nariz. Supongo que debo ver al

médico para que me (**18.** *run*) _____ unos exámenes porque me

enfermo fácilmente, (**19.** *it runs in the family*) _____. No quiero

(**20.** *to run the risk*) _____ de enfermarme gravemente y (**21.** *to run

into debt*) _____ pagando cuentas médicas. ¡Tengo miedo de saber lo

que me va a pasar mañana!

8.4   P A R A   E S C R I B I R   M E J O R

A   **La traducción: el vocablo apropiado.** *Como se indica en el libro de texto, acudir a un diccionario ofrece el reto de escoger la palabra adecuada. Usando un buen diccionario, traduzca al español las palabras en inglés para completar las oraciones siguientes. Si se trata de un verbo, tenga cuidado con el tiempo verbal que emplee.*

    1. Cuando Jorge (*realized*) **a.** _____ que Celia no lo

    quería más, (*he pretended*) **b.** _____ que no le importaba.

    Pero (*actually*) **c.** _____ se sintió muy desilusionado y más

    tarde tuvo (*a heated argument*) **d.** _____ con ella.

2. Este semestre estudio (*Speech*) **a.** _____ y la encuentro

b. (*a subject*) _____ muy interesante.

3. Miles de (*fans*) **a.** _____ (*attended*) **b.** _____

a (*the game*) **c.** _____ de fútbol que se **d.** (*played*)

_____ entre los equipos de Brasil y México.

4. Invitaron a Rebeca a una cena (*formal*) _____ pero ella no

fue porque no tenía un vestido adecuado.

5. Tengo mucha (*confidence*) **a.** _____ en mi médico y se lo

digo siempre que voy a su (*office*) **b.** _____.

6. Ese loco (*saves*) _____ todo lo que encuentra en la

calle.

7. (*Because*) **a.** _____ el pobre sufría tanto, tuvo que (*ask for*)

b. _____ Pepto Bismol porque el plato de pescado que

acababa de comer (*did not agree with him*) **c.** _____.

8. (*The characters*) _____ de esta telenovela se portan como

unos bárbaros.

9. Después de días enteros de lluvias torrenciales, por fin (*came out*)

_____ el sol.

10. (*That business*) **a.** _____ (*will fail*) **b.** _____

por falta de ingresos.

11. Estás insistiendo en aspectos muy (*fine*) _____ y nadie te

entiende.

12. Dormir hasta tarde es mi (*only*) _____ vicio.

13. Ese profesor tiene muy (*bad name*) **a.** _____ entre (*the faculty*) **b.** _____.

14. El día (*next*) _____ estuvo lleno de disgustos.

15. El descarrilamiento (*derailment*) (*stopped*) _____ el tráfico por más de dos horas.

16. Ramón siempre me ha sido un (*fine*) _____ amigo.

17. Elena le (*introduced*) _____ el doctor Marín a su prima soltera.

18. Marisa (*looked*) _____ muy elegante en la fiesta de anteanoche.

19. Los campesinos tuvieron cuidado de no cargar demasiado en (*the back*) _____ de sus burros.

20. A la niña se le escapó el globo y (*it blew away*) _____.

21. (*The speech*) **a.** _____ del conferenciante (*moved*) **b.** _____ a todos los presentes.

22. Aunque Ricardo se dio prisa, (*he missed*) _____ el vuelo.

23. La Piedra Rossetta fue (*the key*) _____ para poder entender los jeroglíficos egipcios.

24. Cuando Rogelio entró por la puerta, Alicia le (*threw*) **a.** _____

una mirada que indicaba claramente lo que (*she felt*) **b.** _____

de él.

25. De niño, Mauricio les (*asked*) _____ muchas preguntas a

sus maestros.

26. El Sr. Alarcón tenía muchas dificultades para (*supporting*) _____

a su familia.

27. Salvador me dijo que me iba a (*save*) _____ un asiento en

el autobús.

28. El jurado (*returned*) _____ un veredicto de culpable.

29. Siempre es difícil aprender de memoria (*the endings*) _____

de los verbos.

30. No se usa el hierro para construir rascacielos porque es muy (*soft*)

_____.

31. Los dos candidatos (*engaged*) **a.** _____ en un debate muy

(*hot*) **b.** _____.

32. Como Héctor nunca llegaba al trabajo a tiempo, su jefe lo tuvo que (*fire*)

_____.

33. Javier (*means well*) **a.** _____, pero todo siempre le

(*turns out*) **b.** _____ al revés.

B **Una nueva telenovela.** *Ud. acaba de escribir el guión para una nueva telenovela y espera que un ejecutivo de telenovelas lo acepte y que lo produzca. Con este fin, Ud. le manda un resumen de su guión. Como Ud. quiere causarle una buena impresión al ejecutivo, es preciso que escriba oraciones completas. Su resumen debe basarse en las contestaciones de las preguntas que se presentan a continuación.*

1. ¿Cuál es el título de su telenovela? ¿Dónde se desarrolla la acción? ¿En qué país(es)? ¿En una ciudad? ¿En un pueblo? ¿En el campo?

2. ¿Quién es la protagonista y cómo es (edad, aspecto, personalidad, clase social, familia, ambiciones)?

3. ¿Quién es el protagonista y cómo es (edad, aspecto, personalidad, clase social, familia, ambiciones)?

4. ¿Cuáles son por lo menos tres de las complicaciones o retos que los protagonistas tienen que vencer mientras se desarrolla su relación?

5. Al final de la telenovela, ¿cómo es la relación entre los dos? ¿Viven felices o no? ¿Por qué?

_____

_____

_____

_____

_____

_____

_____

Capítulo 8

CAPÍTULO 9

EL AMOR Y EL OLVIDO

9.1 | LECTURA |

«Rip-Rip» (Manuel Gutiérrez Nájera)

A **Un resumen.** *Complete el párrafo siguiente con los vocablos presentados a continuación.*

a duras penas	cana	fiera	parroquia
acometer	coco	flaqueaban	piadosos
acorralaron	comulgaba	intrincado	reconoció
ahogarse	culto	ira	se había embriagado
aligeró	de espanto	había desfallecido	sin sentido
alzarlo	de seguro	liar	sobresalto
arroyo	desasirse	manantial	soñoliento
botica	ebrio	monte	vecindario
burlarlos	enlazar	onda	veredas
			vericuetos

Rip-Rip durmió por un lapso indeterminado y envejeció durante ese tiempo. Por fin

se despertó, un poco (1) _____ y avergonzado por no haber vuelto a

casa, y se dirigió con (2) _____ hacia su pueblo sin darse cuenta de

que ya tenía la barba (3) _____. Cruzó (4) _____ las

(5) _____ que conducían a su hogar, creyendo que las piernas le

(6) _____ por el sueño. Mientras caminaba, trató de explicarse por

qué se había quedado dormido en el (7) _____, por qué había caído allí

(8) _____. Luego se imaginó la reacción de su familia y de sus

amigos a su ausencia, imaginándose la búsqueda de su esposa por los

(9) _____ del pueblo, junto a su amigo Juan el molinero, quien

(10) _____ la habría acompañado. Por fin llegó a su pueblo, pero

todo le pareció cambiado, hasta la torre de la (11) _____. Se

tropezó con el cura, quien llevaba su sombrero alto, el más alto del

(12) _____, pero el cura no reconoció a Rip-Rip cuando el

pobre afirmó que no (13) _____. Rip-Rip se quedó perplejo y

enojado, porque aunque no daba para el (14) _____, sí

(15) _____ todos los años. Rip-Rip, lleno de

(16) _____, (17) _____ el paso para llegar a casa.

Por fin llegó, pero cuando se asomó a una ventana, vio que su amigo Juan el

molinero besaba a su esposa. Como era de esperar, Rip-Rip se sintió traicionado.

Entró en la casa, temblando como un (18) _____, pensando

matar a los engañadores, pero le faltaron las fuerzas y se cayó al suelo. Sin embargo,

pudo ver cómo su esposa adúltera y su supuesto amigo palidecieron

(19) _____. Juan lo trató de (20) _____ con brazos

(21) _____ para (22) _____ del suelo. Luz creyó

que Rip-Rip habría venido para pedir limosna y que (23) _____ de hambre. Entró la hija de Rip-Rip, pero ella se asustó y pensó que Rip era el

(24) _____. Decidieron llevarlo a la (25) _____.

Lo dejaron allí y después de un rato indeterminado, por fin Rip pudo identificarse.

Pero nadie le creyó ni lo (26) _____. Lo iban a

(27) _____ para llevarlo al alcalde, pero Rip los pudo

(28) _____ y (29) _____ de sus brazos. Se echó a

correr para volver a su casa, pero los otros lo persiguieron y lo

(30) _____, como si Rip fuera una (31) _____. Sin

embargo, Rip logró (32) _____ y huyó a lo más

(33) _____ de la selva. Se dirigió al (34) _____

para beber, o tal vez para (35) _____. Cuando vio su reflejo en la

(36) _____ creyó que veía a la muerte, no a sí mismo. Pensando

descifrar el misterio, se buscó en el (37) _____.

B **Asociaciones.** *Escoja la palabra o frase que no tenga relación con las otras dos.*

		a	b	c
1.	_____	engañar	enlazar	sujetar
2.	_____	socorrer	buscar	ayudar
3.	_____	de seguro	firmemente	seguramente
4.	_____	fortaleza	quinta	casa de campo
5.	_____	desasirse	soltarse	tranquilizarse
6.	_____	inconsciente	inexplicable	sin sentido
7.	_____	vecindario	barrio	acera
8.	_____	de vuelta	en torno	alrededor

9.	_____	sobresalto	susto	trampa
10.	_____	aletargado	animado	letárgico
11.	_____	liar	atar	restaurar
12.	_____	vereda	avenida	camino estrecho
13.	_____	quebrada	vericueto	camino abrupto
14.	_____	embriagarse	emborracharse	involucrarse
15.	_____	burlar	huir	evitar
16.	_____	alzar	levantar	gritar
17.	_____	viejo	cano	blanco
18.	_____	botica	farmacia	capilla
19.	_____	aparecido	aspecto	fantasma
20.	_____	pedacito	pesadilla	sueño malo
21.	_____	a duras penas	con dificultad	parcialmente
22.	_____	soñoliento	con sueño	perezosamente
23.	_____	borracho	enfermo	ebrio

9.2 SECCIÓN GRAMATICAL

Por y para

A ¿«Por» o «para»? *Sin traducir todo el párrafo, ¿usaría Ud.* **por** *o* **para** *en las expresiones que se dan entre paréntesis?*

The ferry was late. Tío Juan's arrival had been delayed **1.** (for) _____ nearly three hours. **2.** (On account of) _____ that delay, nobody could take the return ferry **3.** (for) _____ Santa María. That was a real disappointment

4. (for) _____ the children. They were **5.** (on the verge) _____

of crying when Tío Juan opened an enormous bag he was carrying, rummaged

6. (around in) _____ it with his oversized hand, and finally pulled out sev-

eral chocolate bars, one **7.** (for) _____ each child. **8.** (By) _____

nine o'clock the children were in bed and their parents ready **9.** (to) _____

eat the wonderful fish Tío Juan had brought from Santa María.

B **Números y más números.** *Complete las oraciones con* ***por*** *o* ***para,*** *según
corresponda.*

    1. Tres _____ cinco son quince.

    2. Faltan diez minutos _____ las tres.

    3. Sesenta segundos _____ minuto.

    4. Solo trabaja _____ hora.

    5. Hace mucho calor _____ diciembre.

    6. El noventa _____ ciento.

    7. Lo mandaron al banco _____ 100 dólares.

    8. Este informe es _____ el primero de julio.

C **¿Cómo se dice?** *Exprese las siguientes frases con* ***por*** *o* ***para*** *en español.*

    1. on the other hand _____

    2. wine goblets _____

    3. therefore _____

    4. headache remedies _____

    5. snow tires _____

6. unfortunately _____

7. in writing _____

8. for the time being _____

D ¿«**Por**» o «**para**»?: **un poco de todo.** *Complete las oraciones con* **por** *o* **para**, *según el contexto.*

1. _____ algunos estudiantes, este curso puede ser difícil.

2. Me quedé en casa anoche _____ mirar mi programa de televisión

favorito.

3. Marcos está **a)** _____ acá porque lo vi entrar **b)** _____

esa puerta cuando regresó de la calle.

4. El gran patriota murió _____ sus convicciones.

5. Tengo que hacer la tarea _____ este viernes.

6. Yo trabajo **a)** _____ la empresa de mi tío, pero él no me paga

mucho; **b)** _____ eso muchas veces le pido a mi hermano que me

sustituya cuando salgo **c)** _____ entrevistarme con otras

compañías. **d)** _____ mí es importante encontrar un trabajo que

me pague más. Yo no quiero trabajar **e)** _____ tan poco dinero.

7. Siempre nos gusta ir _____ barco cuando viajamos a Europa.

8. Le mandó su oreja cortada a su antigua novia **a)** _____ mostrarle

el gran amor que sentía **b)** _____ ella todavía, pero,

c) _____ supuesto, ella no quiso recibir tal regalo.

9. Mi meta es poder cobrar $ 30 **a)** _____ hora

    b) _____ el fin de la primavera.

10. La madre castigó a su hijo _____ ser tan travieso.

11. _____ ser tan joven, ese chico es grandísimo.

12. _____ ser tan grande, el chico juega al baloncesto.

13. El poeta recibió un premio _____ su libro de poemas.

14. Va a llegar _____ la cena, según me dijo.

15. Jorge está aquí solo _____ ganar dinero.

16. Ellos están aquí _____ el mal tiempo.

17. Le pagan mucho _____ su trabajo.

18. _____ un niño de solo tres años, sabe mucho.

19. Esos regalos son _____ sus parientes.

20. Probablemente los compraron _____ poquísimo dinero.

21. Lo voy a preparar _____ el próximo martes.

22. Ese poema fue escrito _____ José Martí.

23. Ellos salen hoy **a)** _____ avión **b)** _____ Alemania.

24. Este cuaderno es _____ ti.

25. Cambiaron los diamantes _____ esmeraldas.

26. Pienso votar _____ el candidato demócrata.

27. La luz de la luna entraba _____ la ventana de la celda.

28. Salió _____ (a través de) el patio.

29. a) _____ lo menos pagó parte de lo que nos debía

   b) _____ arreglar su coche.

30. Esa tarjeta de crédito es _____ el Sr. Acevedo Díaz.

31. Lo hizo _____ (a beneficio de) su cuñado.

32. La niña tuvo pesadillas **a)** _____ estar sola **b)** _____ la noche.

33. Me dio diez pesos _____ limpiarle el coche.

34. Estudié **a)** _____ cinco horas anoche **b)** _____ poder saber todo lo de la lección **c)** _____ mañana.

35. Después de graduarme, quiero trabajar **a)** _____ Microsoft porque es obvio que **b)** _____ el año 2025 Bill Gates se habrá convertido en el dueño absoluto de toda la Tierra.

36. En otoño nos encanta pasear **a)** _____ el parque

   b) _____ disfrutar de todos los colores de los árboles.

37. No, esas son copas **a)** _____ champaña. Necesito unas

   b) _____ vino tinto.

38. En vez de vender la vaca en el mercado, como le había dicho su mamá, Juanito cambió la vaca _____ unas semillas encantadas que le ofreció un viejo misterioso.

39. Hace varias noches que no puedo dormir _____ el ruido que

hacen los vecinos.

40. Te voy a llamar **a)** _____ teléfono esta noche **b)** _____

ver si mañana quieres venir conmigo **c)** _____ la Florida. Espero

haber pasado **d)** _____ Chicago **e)** _____ las once de

la mañana **f)** _____ lo menos **g)** _____ poder evitar el

tránsito de la hora de almorzar.

41. ¡Mil gracias **a)** _____ el regalo! ¡Qué vergüenza, no tengo nada

b) _____ ti!

42. No entiendo a mi compañero de cuarto. **a)** _____ un joven de

casi veinte años, hace las cosas más infantiles. **b)** _____

ejemplo, toca la guitarra muy tarde **c)** _____ la noche y

d) _____ eso nadie puede dormir. **e)** _____ ser un

adulto, debe portarse más responsablemente. Estudia **f)** _____

médico, y trabaja todo el día, pero eso no le da derecho a impedirnos

dormir a los demás.

43. A mi tía le di un camioncito _____ mi sobrino.

44. a) _____ que lo sepas, no pienso salir con tu primo ni

b) _____ un millón de dólares.

45. En los Estados Unidos el viernes 13 es el día de mala suerte, pero

_____ nosotros, es el martes 13.

Locuciones prepositivas

E **Antónimos.** *¿Qué expresión de la derecha significa lo contrario de cada expresión de la izquierda?*

_____ **1.** Yo estoy frente al edificio.   **a)** dentro de

_____ **2.** Pero estoy lejos del lago.   **b)** debajo de

_____ **3.** La sandía está fuera del refrigerador.   **c)** a través de

_____ **4.** Un chico está separado del otro.   **d)** cerca de

_____ **5.** Los libros están encima del pupitre.   **e)** de espaldas a

_____ **6.** Lo consiguió por medio de un abogado.   **f)** junto a

F **Traducciones.** *Exprese en español las siguientes locuciones prepositivas. Use contracciones cuando sea necesario.*

1. (*After*) _____ una semana laboral bastante dura, el sábado por la mañana decidí visitar el museo que esta **2.** (*in front of*) _____ el banco en la Plaza Mayor. Cuando llegué, sin embargo, me desanimé un poco al ver a mucha gente que hacía cola **3.** (*outside of*) _____ el museo. Luego me acordé de que acababan de anunciar una exhibición especial de unas obras de Picasso y sin duda había tanta gente **4.** (*because of*) _____ eso. **5.** (*Despite*) _____ tener muchas ganas

de ver las obras, me pareció mejor ir a otro lugar **6.** (*instead of*) _____ hacer cola, ya que había más de cincuenta personas **7.** (*in front of*) _____ mí. Entré en un café que estaba **8.** (*next to*) _____ museo, me senté, pedí un café y pasé una hora allí, observando **9.** (*through*) _____ una ventana a la gente que seguía haciendo cola. Por fin decidí tratar de entrar en el

museo una vez más y al fin pude entrar sin tener que esperar mucho. Una vez

10. (*inside*) _____ el edificio, me dirigí a la exhibición especial, que

estaba 11. (*separated from*) _____ las otras salas del museo. Miré con

mucho interés las obras de Picasso; 12. (*below*) _____ cada cual había

una etiqueta que daba el nombre de la obra 13. (*besides*) _____

el año en que se pintó. 14. (*Before*) _____ que me diera cuenta, se había

hecho la hora en que el museo debía cerrar, pero pude ver todos los otros cuadros

que quedaban por mirar 15. (*by dint of*) _____ apresurarme y pasar

de uno a otro rápidamente. Por fin los había visto todos, y tuve que admitir que

16. (*as far as*) _____ encontrar una buena manera de relajarme, había

acertado.

9.3 | S E C C I Ó N   L É X I C A

A **To take.** *Lea el siguiente párrafo y complete las oraciones con el equivalente apropiado de* to take.

Para llegar con tiempo al aeropuerto, mi mujer, mi hijo y yo 1. (*took*)

_____ un taxi. Solo al 2. (*taking*) _____ el taxista el dinero

que le ofrecí, me di cuenta de que alguien 3. (*had taken*) _____ casi todo

mi dinero. Entonces, le pedí al taxista que nos 4. (*take*) _____ a un

banco, pero no quiso. Mientras tanto, mi hijo se había ensuciado la chaqueta y, por

eso, tuvo que 5. (*take it off*) _____. 6. (*He took out*) _____

otra chaqueta de su maleta de mano, pero antes de ponérsela, decidió 7. (*to take*)

_____ una siesta. Él acababa de **8.** (*take*) _____ un paseo y

se había cansado. El avión **9.** (*would take off*) _____ dentro de cinco

minutos, según el anuncio de la azafata. Yo había **10.** (*taken*) _____ la

decisión de **11.** (*to take*) _____ un viaje porque realmente necesitaba

12. (*take*) _____ un descanso.

B **To take.** *Complete las siguientes oraciones con el equivalente apropiado de* to take.

1. Le debes _____ esos fósforos a ese niño antes de que le

   prenda fuego a la casa.

2. Había una demora de media hora antes de que el avión _____.

3. Una ambulancia _____ al esquiador al hospital después del

   accidente.

4. El policía me pidió que _____ mi licencia de conducir.

5. ¡_____ Uds. esas botas sucias antes de entrar en la casa!

6. Rubén, no pude estar en clase hoy. ¿_____ apuntes?

7. Me gustaría _____ un viaje a Bariloche el invierno que viene.

8. Los paparazzi _____ muchas fotos de las estrellas de cine

   después del estreno (*debut*).

9. ¿Te interesa _____ un paseo conmigo por el parque esta

   tarde?

10. Mi abuelo siempre _____ una siesta después del almuerzo

    porque le entra una modorra irresistible.

11. ¿A qué hora sales para _____ el autobús?

12. Después de terminar este proyecto, pienso _____ unas

vacaciones bien merecidas.

13. El ladrón _____ la videocasetera y la computadora.

14. ¿_____ el vino ahora o lo dejamos para la cena?

C **Sustantivos formados con el participio pasivo.** *Escriba la letra de la palabra que corresponda a cada definición.*

_____ **1.** Una persona que ha sido sentenciada a cumplir una pena.

a) alumbrado

_____ **2.** Una tela que se tejió en hilo o lana.

b) prometido

_____ **3.** Las luces que iluminan las calles.

c) pedido

_____ **4.** Un hombre que ya puso fecha de boda.

d) condenado

_____ **5.** La semejanza entre los hermanos.

e) impreso

_____ **6.** Lista de varios productos que se quieren comprar.

f) tejido

_____ **7.** Un acontecimiento o evento.

g) parecido

_____ **8.** Uno que es juzgado por un crimen o delito.

h) hecho

_____ **9.** Un accidente físico que puede ser solo gracioso o también serio.

i) acusado

_____ **10.** Material de diversas formas que se lee.

j) caída

D **¿Adjetivo o sustantivo?** *En a) escriba una oración usando la palabra indicada como adjetivo; en b) escriba otra oración usándola como sustantivo.*

1. a) prometido/a: _____

b) prometido/a: _____

2. a) bordado/a: _____

   b) bordado/a: _____

3. a) querido/a: _____

   b) querido/a: _____

4. a) herido/a: _____

   b) herido/a: _____

5. a) desconocido/a: _____

   b) desconocido/a: _____

9.4 PARA ESCRIBIR MEJOR

A **Una narración.** *Piense otra vez en las cualidades que caracterizan una narración interesante y entretenida: un buen comienzo, personajes y ambientes verosímiles, desarrollo completo sin caer en detallismo excesivo, inclusión de lo humano y de elementos dramáticos y el uso de diálogo para animar la lectura. Teniendo estas cualidades en cuenta, escriba una narración breve que narre un acontecimiento extraordinario.*

_____

_____

_____

_____

_____

_____

_____

_____

_____

_____

_____

_____

B **¿Un sueño dentro de otro?** *Mientras Rip-Rip se da prisa para llegar a casa después de volver en sí, se imagina qué habrán hecho sus familiares y sus amigos durante su ausencia. Es una fantasía, pero ¿se puede considerar también un tipo de sueño? En su opinión, ¿en qué se diferencia algo soñado de algo imaginado? ¿en que se parecen? ¿Es la fantasía de Rip-Rip un sueño dentro de otro sueño? Explique su opinión.*

_____

_____

_____

_____

_____

_____

_____

_____

_____

C **¿Por cuánto tiempo?** *¿Se ha fijado Ud. en que el narrador de «Rip-Rip» o ignora cuánto tiempo durmió el protagonista, cuánto tiempo quedó caído en el suelo y cuánto tiempo estuvo atado, o no se toma la molestia de indicárnoslo a nosotros los lectores? ¿Cuál será el propósito de tal inexactitud o descuido? ¿Contribuye esa vaguedad al ambiente irreal del cuento? ¿Cómo? Explique su opinión.*

CAPÍTULO 10

LOS INMIGRANTES

10.1 ┃ L E C T U R A

«La factura» (Elena Garro)

A **Un resumen.** *Complete el párrafo siguiente con los vocablos presentados a continuación.*

a coro	fieltro	panzonas	sin remisión
augurios	fundir	pegajosas	sobresaltada
ahumadas	harapos	pendía	sombrío
antro	incrédula	política	tinieblas
contador	intrusa	recomendada	vagabundear
de paso	madreselva	se acodaban	veladores
encastrado	monto	se largara	viscosa
escalofríos	muros		

Al recibir una factura por mil quinientos dólares, María, **(1)** _____, exclamó:

"¡No puede ser!". Revisó el edificio en el que estaba su estudio, **(2)** _____

entre dos patios interiores, con sus **(3)** _____ sucios. La cocina de su estudio

estaba cubierta de una humedad **(4)** _____, pero no quería abrir la ventana para que no entraran esas arañas (5) _____ que trepaban desde el patio por las paredes. Su vida le parecía peor que un infierno, con una sola bombilla sin (6) _____ que (7) _____ del techo y que no era suficiente para sacar la habitación de las (8) _____ que la llenaban. «¿Cómo iba a poder pagar la cuenta?» se preguntó, (9) _____. El dueño, el señor Henry, era un hombre raro que usaba un pequeño gorro y pantuflas de (10) _____ y que vigilaba las acciones de María, a quien consideraba una (11) _____. María conocía a otros extranjeros en la ciudad que llevaban una vida tan mala como la suya. Algunos trabajaban de (12) _____ nocturnos en hoteles (13) _____. A pesar de haber tenido buenos trabajos en su país de origen, ya vestían (14) _____. No volvían a su país a causa de la (15) _____ y, como ella, alquilaban estudios de paredes (16) _____, con cocinas (17) _____. Se trasladaban de un apartamento a otro, huyendo de las facturas que no podían pagar. Cuando María hizo copiar la factura, la joven empleada se escandalizó por el (18) _____ tan exagerado y urgió a María a mandar una carta (19) _____ de protesta y a insistir en que revisaran el (20) _____. En la agencia de electricidad, un joven le indicó que el señor Henry no debía nada, pero como el dueño era amigo de un ministro, el joven le recomendó a María que se mudara. María trató de encontrar otro apartamento, pero no había ninguno disponible. Cada vez que tropezaba con el dueño, María sentía (21) _____ porque el hombre le parecía muy (22) _____. Esa noche, María no pudo dormir, preocupada por malos (23) _____. Su amigo Miguel le aconsejó que (24) _____ del (25) _____ en que vivía, pero ella se esforzó por juntar el dinero necesario para pagar la deuda. Poco después de la visita de dos inspectores, quienes habían declarado **(26)** _____ que la instalación estaba en orden, María recibió una carta que decía que el lunes le iban a cortar la electricidad, **(27)** _____. A pesar de haber podido juntar el dinero necesario, María llegó tarde a la agencia y los jóvenes empleados no quisieron aceptar el pago. ¿Qué iba a hacer? Después de **(28)** _____ por la ciudad, volvió a su estudio. El olor a **(29)** _____ le recordó a su antigua vecina Marta. María y sus hermanas **(30)** _____ sobre el alféizar (*window sill*) para observar a Marta. El ameno recuerdo permitió que María se durmiera por fin, pero nunca se despertó. Impulsado por su deseo de vender el estudio, el señor Henry la mató, contando con que a nadie le preocuparía el aparente suicidio de otra extranjera.

B **Asociaciones.** *Escoja la palabra o frase que no tenga relación con las otras dos.*

		a	b	c
1.	_____	monto	colina	suma
2.	_____	empobrecerse	vagar	vagabundear
3.	_____	lodoso	pegajoso	viscoso
4.	_____	modesto	sin cuidado	de paso
5.	_____	adecuado	propicio	favorable
6.	_____	puente	pared	muro
7.	_____	agüero	augurio	dificultad
8.	_____	definitivamente	sin remisión	incurable
9.	_____	empotrado	encastrado	parado
10.	_____	viajar	irse	largarse

11. _____	declinar	pender	colgar
12. _____	sufrir	carecer	faltar
13. _____	a la vez	de acuerdo	a coro
14. _____	levantar los hombros	encogerse de hombros	arrimar el hombro
15. _____	oscuridad	intenciones	tinieblas
16. _____	aceptable	certificado	recomendado
17. _____	asustar	vencer	sobresaltar
18. _____	ser bien visto	ser bien recibido	ser visible

10.2 SECCIÓN GRAMATICAL

La ubicación de los adjetivos descriptivos

A **El adjetivo: ¿antes o después?** *Decida dónde se deben poner los adjetivos dados. Tenga cuidado con la concordancia.*

1. Andrés siempre ha querido tener un _____ coche deportivo

   _____. (italiano)

2. Muchos pasajeros murieron en el _____ accidente

   _____. (horrífico)

3. Cuando el _____ camarero _____ tropezó,

   se le cayó la bandeja que llevaba a la cocina. (pobre)

4. La _____ abogada _____ era de una familia

   muy humilde. (famoso)

5. Juan es un _____ joven _____ que pasa horas

leyendo sus lecciones. (estudioso)

6. Ayer pasé un _____ día _____ en la playa.

(magnífico)

7. En mi país, los árboles parecen explotar en _____ colores

_____ en el otoño. (vivo)

8. El _____ orador _____ atormentaba a su

público con _____ discursos _____. (aburrido,

interminable)

9. El cura de nuestro pueblo tenía un _____ entendimiento

_____ de lo humano. (profundo)

10. A causa de su _____ pierna _____, Julio no

pudo jugar al fútbol por meses. (roto)

11. Los señores Galván querían entrañablemente a sus _____

hijos _____. (lindo)

12. Parecía que la _____ depresión _____ pronto

iba a convertirse en huracán. (atmosférico)

13. Los _____ romanos _____ conquistaron todo

el _____ mundo _____ en su época. (práctico,

conocido)

14. Muchos médicos opinan que los zapatos de _____ tacón

_____ son dañinos. (alto)

15. Don Ramón era un _____ hombre _____ y a

nadie le caían bien sus _____ observaciones

_____. (desagradable, sarcástico)

16. Es posible que tenga _____ gustos _____,

pero no me gustan los _____ muebles _____.

(anticuado, moderno)

La ubicación de dos o más adjetivos descriptivos

B **Dos adjetivos.** *Cuando hay dos adjetivos en español, a menudo uno va antes del sustantivo y el otro, después. Complete las siguientes oraciones con los adjetivos presentados. Recuerde tener cuidado con la concordancia.*

1. Todos apreciamos las _____ obras _____ de Miguel

de Cervantes. (magnífico, literario)

2. A los niños les encantan _____ cuentos _____.

(imaginativo, largo)

3. Los anfitriones nos sirvieron una _____ cena

_____. (tailandés, suntuoso)

4. Todos aprecian la catedral de Santiago de Compostela por su

_____ fachada _____. (barroco, impresionante)

5. Todos se levantaron para cantar el _____ himno

_____. (nacional, conmovedor)

C **Frases hechas.** *Complete las siguientes frases, traduciendo al español las expresiones que se dan entre paréntesis.*

1. Hace años que María estudia (*Fine Arts*) _____.

2. Me tropecé con la Sra. Márquez en Madrid por (*sheer coincidence*)

_____.

3. Hace mucho que no voy a una (*fun party*) _____.

4. Le pedí al banco un préstamo a (*short term*) _____.

5. No me cae bien mi primo porque siempre hace (*as he pleases*)

_____ sin pensar en los demás. Se cree un (*freethinker*)

_____, pero no es más que un egoísta.

6. Todos se preocupaban por la salud del (*Holy Father*) _____.

7. Doña Inés no quiere que haya ni una (*weed*) _____ en su

jardín.

8. Mario hizo (*a very foolish thing*) _____ al salir de su casa

sin cerrar la puerta con llave; esa noche le robaron todo.

Cambios de sentido de algunos adjetivos según su ubicación

D **¿Antes o después?** *Decida dónde se deben poner los adjetivos que están entre paréntesis, según su significado. Tenga cuidado con la concordancia.*

1. Pienso comprar un _____ coche _____ porque los

últimos modelos son muy llamativos y me gustan mucho. (nuevo)

2. Marta solo lleva ropa hecha de _____ algodón

_____ porque otros tejidos le irritan la piel. (puro)

3. Puedes aliviarte de esa picazón con una _____ solución

_____ de agua y bicarbonato de sodio. (simple)

4. Héctor le mintió a Ana por _____ maldad _____.

(puro)

5. La _____ novia _____ de Raúl no quiso

comunicarse con él de ninguna manera. (antiguo)

6. Durante la investigación del escándalo financiero el _____

gerente _____ no pudo explicar la falta de fondos en la caja de

caudales; no le iba bien al _____ hombre _____.

(mismo, pobre)

7. No te metas en los asuntos ajenos; ocúpate de tus _____ cosas

_____. (propio)

8. Simón es un _____ muchacho _____ pero le cae

bien a todo el mundo. (simple)

9. Es un _____ hecho _____ que Alicia se ha casado

con un hombre mucho mayor que ella. (cierto)

10. A pesar de ser un _____ pueblo _____, les ofrece

_____ atracciones _____ a los turistas que lo

visitan. (pequeño, diferentes)

11. Gozo de _____ ratos _____ de tiempo libre. (raro)

12. Rebeca era la _____ estudiante _____ que siempre

contestaba bien las preguntas de sus maestros. (único)

13. Arrasaron la _____ iglesia _____ para construir un

_____ estacionamiento _____, ¡como si nos hiciera

falta otro! (antiguo, nuevo)

14. Hace años que mi _____ amigo _____ Jaime y yo

jugamos al baloncesto los sábados por la tarde. (viejo)

15. El _____ día _____ que los González ganaron el

premio gordo, decidieron comprar una _____ casa

_____. (mismo, propio)

E **Formas especiales del superlativo absoluto.** *En las oraciones siguientes,*
reemplace las formas del superlativo absoluto con las alternativas o las
especiales.

1. Lope era de una familia (pobrísima) _____.

2. Enrique es tan detallista. Se fija en detalles (pequeñísimos)

_____.

3. La (sumamente célebre) _____ actriz me dio su autógrafo

en el estreno de su última película.

4. Lupe vino corriendo con noticias (sumamente buenas)

_____.

5. Al tropezarse con su antiguo vecino, Alberto le dio un abrazo (sumamente

fuerte) _____.

6. Confucio fue un filósofo (excepcionalmente sabio) _____.

7. La comida que nos sirvieron en ese restaurante fue (extremadamente mala)

_____.

8. La influencia del automóvil en la cultura estadounidense ha sido

(extremadamente grande) _____.

10.3 SECCIÓN LÉXICA

A **Formación de adjetivos.** *Escriba la palabra de la que se derivan los siguientes adjetivos.*

1. resbaladizo _____   **8.** mugriento _____

2. cuarentón _____   **9.** cabezón _____

3. sangriento _____   **10.** enojadizo _____

4. amistoso _____   **11.** azulino _____

5. soñoliento _____   **12.** movedizo _____

6. cervantino _____   **13.** escandaloso _____

7. quejoso _____   **14.** chillón _____

B *To miss.* *Complete las siguientes oraciones con la traducción más apropiada de las palabras que se dan entre paréntesis.*

1. A esta sopa le (*is missing*) _____ algo, ¡pero no sé qué!

2. Siempre que me siento a comer en la cafetería universitaria, (*I miss*)

_____ la cocina de mi mamá.

3. Samuel **a.** (*missed*) _____ a la reunión de ayer porque

b. (*he missed*) _____ el autobús que iba al centro.

4. Traté de romper el globo con el dardo en la feria ambulante (*carnival*), pero no

le (*missed*) _____.

5. Hacía semanas que los excursionistas (*were missing*) _____

y había poca esperanza de encontrarlos con vida.

6. El niño brincaba tanto en la sala que (*he just missed*) _____ para

que tirara la mesita con su lámpara de cristal.

7. Elena no quería **a.** (*to miss*) _____ el estreno de la última película

de Antonio Banderas, pero se sentía muy mal y decidió quedarse en casa. ¡Qué

pena!, porque **b.** (*she missed*) _____ la oportunidad de conseguir el

autógrafo del famoso actor español.

8. Se negaron a darle a Alfonso su licencia de conducir porque **a.** (*he had missed*)

_____ casi todas las respuestas en el examen escrito. Además,

b. (*he just missed*) _____ para que atropellara a un policía cuando

puso en marcha su carro durante su examen de conducir.

9. Mientras la dependienta de la joyería atendía a un cliente, otra la distrajo por un

momento. Cuando se volvió para seguir ayudando al cliente, este se había

ido . . . y (*were missing*) _____ cuatro anillos de oro.

10. Con su excelente preparación y su actitud tan positiva, Alicia no puede (*miss*)

_____ en su carrera.

A **Una descripción.** *Teniendo en cuenta las características de una descripción subjetiva, describa el dibujo presentado a continuación. Escoja con cuidado los adjetivos que use para que su descripción impresione con su viveza al lector. Haga que el lector no solo vea lo representado, sino que también sienta el terror que produciría esta escena.*

_____

_____

_____

_____

_____

_____

_____

_____

_____

B **¿Una brecha generacional?** *Al leer «La factura» con cuidado, se destaca el hecho de que todos los empleados con quienes María tiene que tratar son jóvenes. Unos, como la ingenua muchacha de la tienda donde hace copias, tratan de ayudarla, mientras que otros, como los jóvenes de la agencia de electricidad, ni fingen comprender la situación angustiosa de María. Como la repetición de cualquier elemento en un cuento siempre tiene un propósito, ¿cuál será el del hecho de que todos los empleados sean mucho más jóvenes que la protagonista? ¿Es otro recurso del narrador para subrayar lo marginada que ella está? Explique su opinión.*

_____

_____

_____

_____

_____

_____

_____

_____

_____

_____

_____

_____

_____

CAPÍTULO 11

COMUNICACIÓN ESCRITA

11.1 | L E C T U R A |

«Mensajes de texto, un nuevo lenguaje» (Doménico Chiappe)

A **Un resumen.** *Complete el párrafo siguiente con los vocablos presentados a continuación.*

a partir de	consta de	perspicacia	se sustentaba
al menos	emisor	pulsaciones	semejanza
alcance	forje	redacta	suple
apremia	iconográfica	se ha instaurado	teclado
arraigo	longitud	se prescinde de	toques
así	móvil	se superen	virulento
carencia	ordenador	se suprimen	vista
circunscritos	papiro		

Según Doménico Chiappe, el aumento de los mensajes de texto es casi

(1) _____. Siendo un lenguaje no fonético con gran **(2)** _____,

es algo completamente nuevo en la cultura occidental. Un usuario típico manda

(3) _____ 500 mensajes de texto al año, pero no **(4)** _____

los SMS de la misma manera que escribe una carta tradicional. En un principio, se

abreviaban las palabras y había una **(5)** _____ entre los vocablos escritos

de los SMS y los que se escribían tradicionalmente. Pero el lenguaje de los SMS

ya no **(6)** _____ en el sonido, sino en la **(7)** _____. Además,

se simbolizan la acción o el objeto **(8)** _____ su imagen, y

(9) _____ la representación de tal acción u objeto llega a ser

(10) _____. ¿Por qué **(11)** _____ este lenguaje para mandar

mensajes de texto en vez del tradicional? Hay tres razones. A diferencia de escribir

en un **(12)** _____ o en papel, el usuario del **(13)** _____ paga

menos si los SMS son cortos; ser breves **(14)** _____. En un texto tradicional

se usan varias convenciones para facilitar la lectura, pero en un SMS

(15) _____ elementos considerados esenciales para la redacción

tradicional; **(16)** _____ todo lo innecesario y se cuenta con la

(17) _____ del lector para comprender el sentido de lo sugerido. Para

escribir los SMS, hay que usar el **(18)** _____ del teléfono celular, que

(19) _____ menos teclas que un **(20)** _____, solo ocho. No

todos requieren el mismo número de **(21)** _____ para introducir letras y

por eso se realiza una discriminación sobre la **o** y la **ñ**, que requieren cuatro

(22) _____. Cuantas más pulsaciones se necesitan, más caro es mandar

el mensaje, por eso se evitan ciertas letras y convenciones, para que resulte lo más

económico posible. El **(23)** _____ **(24)** _____ lo que falta

con vocablos inventados y va sintiéndose cada día más cómodo con el nuevo

lenguaje. Según Chiappe, aunque actualmente los mensajes SMS están mayormente

(25) _____ al uso de los jóvenes, este lenguaje no va a perder

(26) _____ aunque no (27) _____ los problemas de

(28) _____ de texto y (29) _____ de letras disponibles. Va a

continuar satisfaciendo la demanda de la comunicación instantánea y veloz. Chiappe

opina que algún día habrá un usuario que (30) _____ un lenguaje culto

que permita el comienzo de nueva una tradición literaria.

B **Asociaciones.** *Escoja la palabra o frase que no tenga relación con las otras dos.*

		a	b	c
1.	_____	parcela	cantidad	sección
2.	_____	seguir con	componerse de	constar de
3.	_____	de esta manera	por eso	así
4.	_____	bajar	eliminar	suprimir
5.	_____	trascendencia	alcance	realización
6.	_____	rendimiento	ruptura	interrupción
7.	_____	permanencia	arraigo	hondura
8.	_____	apoyarse	pararse	sustentarse
9.	_____	secreto	número	cifra
10.	_____	fingimiento	aspiración	pretensión
11.	_____	escribir	redactar	construir
12.	_____	caída	pulsación	toque

13.	____	establecerse	quedarse	instaurarse
14.	____	masculino	maligno	virulento
15.	____	computadora	ordenador	limpiador
16.	____	limitado	rodeado	circunscrito
17.	____	a pesar de	sin embargo	no obstante
18.	____	por lo menos	al menos	lo de menos
19.	____	logro	semejanza	parecido
20.	____	compañía	empresa	esfuerzo

11.2 S E C C I Ó N G R A M A T I C A L

Maneras de expresar conjetura y probabilidad en español

A **El futuro.** *¿Recuerda Ud. cómo formar el futuro en español? Escriba el futuro de los siguientes verbos, usando el sujeto que se indica.*

1. tener (Ud.)	**8.** poner (yo)
2. ver (nosotros)	**9.** caber (nosotros)
3. valer ("it")	**10.** querer (ella)
4. venir (él)	**11.** poder (Uds.)
5. hacer (yo)	**12.** decir (nosotros)
6. salir (tú)	**13.** haber ("there")
7. saber (tú)	**14.** traer (ellos)

B *Will. Traduzca al español las siguientes oraciones.*

1. Will you close that window for me, please?

   _____

2. They say it's going to be very cold this winter.

   _____

3. We'll leave for the beach as soon as it stops raining.

   _____

4. Sarita, you will study this lesson until you know it!

   _____

5. The children will not clean their rooms.

   _____

6. You won't forget to write me, will you?

   _____

7. What will I do now?

   _____

C **El futuro de probabilidad.** *Complete los siguientes diálogos con una forma del futuro apropiada para expresar probabilidad o conjetura en el presente.*

1. —¿Quién es ese señor?

   —No estoy seguro, ¿ _____ el tío de Ana?

2. —¿Qué estudia Alejandro?

   —_____ geografía, como le gustan tanto los mapas.

3. —¿Por qué hay tanta maldad en el mundo?

—Eso lo _____ Dios.

4. —¿Has oído lo de Jaime?

—Sí, ¡qué escándalo! ¿Qué _____ la gente?

5. —¿Cuántas millas nos quedan para llegar a San Antonio?

—Nos _____ como cien.

D **Would.** *Traduzca al español las siguientes oraciones con* would.

1. Daniel promised me that he would be careful.

_____

2. I asked Raúl to return to me the books that he had borrowed, but he wouldn't.

_____

_____

3. Jorge would sleep better if he didn't drink so much coffee at night.

_____

4. Would you like to go to the movies with me? You really should have more fun.

_____

_____

5. During the summer, my friends and I would go to the beach often to swim and sunbathe.

_____

_____

E **El condicional de probabilidad.** *Complete los siguientes diálogos con una forma del condicional para expresar probabilidad o conjetura en el pasado.*

1. —¿Qué hora era cuando llegaste?

   —No recuerdo, _____ las dos.

2. —¿Quién rompió esa ventana?

   —Había unos chicos que jugaban al béisbol. Ellos la _____.

3. —¿Por qué no me **a)** _____ por teléfono Elena anoche?

   —Pues, después de lo que le habías dicho del vestido que llevaba,

   b) _____ enojada contigo.

4. —¿Cuándo se fue Ignacio?

   —_____ antes de las ocho porque no estaba cuando llegué a

   esa hora.

5. —¿Quién le dijo a Luisa que yo no quería llevarla al baile?

   —Se lo _____ José porque está enamorado de ella y no quiere

   rivales.

F **Futuro perfecto y condicional perfecto.** *Escoja la oración de la derecha que responda más lógicamente las oraciones de la izquierda.*

1. —¿Para cuándo habrán construido   **a.** —Se le habrá roto la pierna

   la nueva carretera?   esquiando.

2. —¿Quién te habría dicho tal   **b.** —¿Te lo habrían robado?

   tontería?   **c.** —Ya habrán vuelto, si recuerdo

3. —¿Por qué no habrá llegado tu papá?

4. —¿Cuándo vuelven los García de su viaje a Londres?

5. —Cuando vi a Magali, ¡estaba tan flaca y pálida!

6. —¡Fue la cosa más rara! Ayer cuando salí a la calle, no pude encontrar mi coche.

7. —¿Qué le habrá pasado a Pepe? ¡Usa muletas!

8. —¿Recuerdas a Enrique Salazar, tu antiguo compañero de escuela?

bien sus planes.

d. —Sí, ¿qué habrá sido de él?

e. —La habrán terminado para fines de agosto.

f. —Me la dijo Rodolfo.

g. —No se habrá fijado en la hora y seguirá trabajando en la oficina.

h. —¿Habría estado enferma?

G **Otras maneras de expresar probabilidad.** *Siguiendo el modelo, exprese probabilidad o conjetura usando **deber de** y **haber de**. Luego traduzca la oración al inglés.*

Modelo: Marisa estará cansada.

    a) Deber de: Marisa debe de estar cansada.

    b) Haber de: Marisa ha de estar cansada.

    c) Traducción: Marisa is probably (must be) tired.

1. El anillo estará perdido.

    a) Deber de: _____

    b) Haber de: _____

    c) Traducción: _____

2. Serán las tres.

    a) Deber de: _____

    b) Haber de: _____

    c) Traducción: _____

3. Alicia tendrá trece años.

    a) Deber de: _____

    b) Haber de: _____

    c) Traducción: _____

4. Marcos se habrá ido ya.

    a) Deber de: _____

    b) Haber de: _____

    c) Traducción: _____

5. Isabel habrá llegado ya.

    a) Deber de: _____

    b) Haber de: _____

    c) Traducción: _____

6. Leticia lo sabrá.

    a) Deber de: _____

    b) Haber de: _____

    c) Traducción: _____

11.3 S E C C I Ó N L É X I C A

A **El comercio.** *Complete las siguientes oraciones usando el vocabulario comercial presentado en las páginas 296-298 del libro de texto. ¿Puede Ud. hacerlo sin consultar la lista?*

1. A menos que uno tenga mucho dinero, generalmente es necesario sacar una

   _____ cuando se compra una casa.

2. La _____ de Guatemala se llama "quetzal".

3. Para cobrar un cheque que no sea del titular de la cuenta, es necesario que el

   cheque tenga _____.

4. La fecha para cuando se debe haber pagado una deuda es el

   _____.

5. Para cubrir los gastos diarios y de poco valor, muchas oficinas tienen una

   _____.

6. La mercancía que está disponible es el _____.

7. Como esa empresa no podía pagar sus deudas ni obtenía ganancias, tuvo que

   _____.

8. Cuando una persona le debe dinero a otra y no puede pagárselo hasta más

   tarde, un _____ representa la promesa de cumplir con

   el deber en el futuro.

9. Pagué el coche **a)** _____ porque no había ahorrado

   bastante dinero para poder pagarlo **b)** _____.

B **El mundo moderno.** *¿Entiende Ud. las transacciones bancarias? ¿Y las de la Bolsa? ¿Cómo podría explicárselas a la joven de estos dibujos? Sin consultar el libro de texto, escriba en español las definiciones de las palabras que aparecen en los siguientes dibujos.*

C **Significados y usos de la palabra «cuenta».** *Complete las siguientes oraciones con la expresión que mejor traduzca la frase presentada entre paréntesis.*

1. Antes de invertir su dinero en esa empresa, (*take into account*)

   _____ que ha tenido pocas ganancias últimamente.

2. Cuando vea a Alfredo, voy a (*give him a piece of my mind*)

   _____ por lo que le dijo de mí a Micaela.

3. Podemos irnos tan pronto como la mesera nos traiga (*the check*)

   _____.

4. Noriberto nunca (*caught on*) _____ de que sus socios

   lo engañaban falsificando las cifras del inventario.

5. Cuando miré el reloj, (*I realized*) _____ que iba a

   llegar tarde a mi propia boda.

6. He tenido que escribir tantas composiciones este semestre que ya he perdido

   (*count*) _____ de ellas.

7. Tengo (*accounts*) _____ en todos los almacenes

   grandes de esta ciudad.

8. Me han dicho que la pulsera de (*beads*) _____ que

   heredé de mi abuela vale mucho, pero no pienso venderla de todos modos.

9. Por problemas técnicos, tuvieron que suspender (*the countdown*)

   _____ de la nave espacial.

10. Prefiero (*to be self-employed*) _____ porque yo mismo

    puedo fijar las horas que trabajo diariamente.

11. Despidieron al Sr. Acevedo porque descubrieron que hacía años que (*he was padding his expense account*) _____.

12. Allí vienen los Mencía. (*Let's pretend*) _____ no los vimos, porque si nos detienen a platicar, nos estarán hablando por horas.

13. Mi hermano siempre gasta (*too much*) _____ porque paga todo con sus tarjetas de crédito.

14. Experimentamos problemas todo el viaje: se nos perdió el equipaje, llegamos tarde al hotel, y una vez allí, no pudieron encontrar nuestra reserva. **a.** (*In short*) _____, fue un desastre total. Y después, cuando llegaron **b.** (*the bills*) _____, tuvimos que **c.** (*add it up*) _____ tres veces antes de estar seguros que no nos habían cobrado demás.

15. Me molesta bastante que los hijos de mis vecinos chillen tanto mientras juegan afuera, pero, bueno, (*after all*) _____ son niños.

16. Diego, como yo te invité a cenar la última vez, ¿qué te parece si esta cena corre (*on you*) _____? ¿Vale?

11.4 ┃ P A R A   E S C R I B I R   M E J O R ┃

A **Abreviaturas.** *¿Sabe Ud. qué significan las siguientes abreviaturas en español?*

1. Cía. _____

2. Dra. _____

3. S.A. _____

4. Genl. _____

5. Apdo. _____

6. 1° izqo. _____

7. S.S. _____

8. Lda. _____

B **Una carta al futuro.** *Escriba una carta bastante formal (y personal a la vez) a su propio/a nieto/a que, sin duda, vivirá dentro de 50 años, y explíquele cuáles son sus valores personales, cuáles son los objetos y actividades que Ud. más valora, y cualquier otra cosa que se le ocurra. Por ejemplo, ¿qué diferencias culturales habrá entre su mundo y el de su nieto/a? Ud. quiere darle una buena impresión para que no se olvide de Ud.*

_____

_____

_____

_____

_____

_____

_____

_____

_____

_____

_____

_____

_____

_____

C **Una carta de protesta.** *Escríbale una carta a un funcionario de su universidad o del gobierno, por ejemplo, al rector, a un senador o tal vez al presidente del país, detallándole sus ideas, opiniones y recomendaciones sobre algún asunto social y/o político que le preocupe a Ud. El desarrollo completo del tema exige que presente en un párrafo el problema o la situación que le preocupa y luego escriba otro párrafo explicando la solución o ayuda que espera recibir del destinatario. Como será una carta dirigida a una persona influyente, recuerde usar las formas formales de* **usted***. No deje de incluir el saludo y la despedida apropiados.*

_____

_____

_____

_____

_____

_____

_____

_____

_____

_____

_____

_____

CAPÍTULO 12

OFICIOS PELIGROSOS

12.1 | L E C T U R A |

«Los 33 y el milagro de la mina San José» (Sergio Acevedo Valencia)

A **Un resumen.** *Complete el párrafo siguiente con los vocablos presentados a continuación.*

albergaba	culebra	enclavada	salvataje
allegados	denominaron	entrañas	se calcinaba
angosto	derrumbe	estrellado	sobrevivientes
cantera	desazón	fauces	sonda
casita	despistada	fogatas	ubicado
célebre	detonar	paraje	veloz
colinas	emergido	provenientes	víveres
contaba con	empedrada	recepción	yacimiento

El artículo indica cómo el lugar del (**1**) _____ de los 33

mineros chilenos se ha convertido en uno turístico. Se compara el desierto, el

(**2**) _____ más seco del mundo, con una

(3) _____ porque es tan largo. La ya (4) _____

Mina San José, (5) _____ en Atacama, se hizo famosa por quedarse

en sus (6) _____ con los 33 mineros por 70 días.

El (7) _____ está (8) _____ a 30 kilómetros

de Copiapó. Antes del accidente, la mina (9) _____ pocos

recursos: una (10) _____ de control, un casino de alimentación,

una cabaña que (11) _____ la (12) _____ y

un perro que ladraba al cielo (13) _____. Poco después la

(14) _____ se había transformado en un aldea que

(15) _____ «Campamento Esperanza», nombre que

reflejaba los sentimientos de los familiares mientras esperaban noticias de sus

(16) _____ atrapados en la mina. El desarrollo del pueblo fue

(17) _____ y pronto ofreció los servicios básicos. Diecisiete

días después del (18) _____, una (19) _____

encontró a los atrapados, un suceso que hizo (20) _____ la

alegría del país y la llegada de periodistas (21) _____ de todas

partes del mundo, y hasta vino una (22) _____ europea que

calzaba zapatos de tacón alto por la (23) _____ calle del pueblo.

Las buenas noticias también causaron que el campamento creciera aún más, hasta

que llegó a haber unos 400 habitantes fijos y otras 300 personas que llevaban

(24) _____ de las ciudades cercanas. Se fundó el campamento

en un valle que estaba rodeado de (25) _____ y que estaba

dividido en tres secciones: una para los periodistas, otra para los familiares de los

(26) _____, y otra para el gobierno, los dueños de la mina y la

zona para las excavaciones. Los del pueblo experimentaban toda una gama de

emociones: esperanza, tristeza, (27) _____, etc. Se notaban

otros contrastes en el desierto, donde de día hacía tanto calor y sol que

(28) _____ la piel, mientras que de noche, por el tremendo

frío, hacían falta (29) _____. Los esfuerzos por el rescate

por fin dieron resultados y pudieron subir a los 33 mineros por el

(30) _____ ducto que conducía a la superficie. Una vez

(31) _____ el último minero de las (32) _____

de la Mina San José, se cerró la mina para siempre.

B **Asociaciones.** *Escoja la palabra o frase que no tenga relación con las*
otras dos.

		a	b	c
1.	_____	rapidísimo	ruidoso	veloz
2.	_____	lo relatado	lo acontecido	lo sucedido
3.	_____	cultivar	sembrar	intuir
4.	_____	hazaña	rescate	salvataje
5.	_____	situado	ubicado	construido
6.	_____	agujero	corte	hoyo
7.	_____	contar con	atendiendo a	tener
8.	_____	desilusión	desazón	inquietud
9.	_____	casino de alimentación	comedor	mercado
10.	_____	estrecho	lúgubre	angosto
11.	_____	llamar	denominar	regir
12.	_____	familia	rumores	allegados
13.	_____	llamativo	célebre	famoso

14.	_____	cotidianidad	rutina diaria	cercanía
15.	_____	situado	enclavado	pegado
16.	_____	pavimentar	calcinar	quemar
17.	_____	predio	prado	terreno
18.	_____	desorientado	despistado	perdido
19.	_____	desenvolver	tejerse	acogerse
20.	_____	provisiones	viviendas	víveres

12.2 | S E C C I Ó N   G R A M A T I C A L

Verbos reflexivos

A **Acciones expresadas reflexivamente.** *Transforme las siguientes oraciones en oraciones reflexivas. Para ello, elimine el complemento directo o indirecto de la oración original, mantenga el mismo sujeto y agregue el pronombre reflexivo que corresponda. Luego traduzca la nueva oración al inglés.*

Modelo: La peluquera le cortó el pelo a la Srta. Díaz.

a) La peluquera se cortó el pelo.

b) The beautician cut her (own) hair.

1. Anoche nuestra tía nos acostó a las diez.

a) _____

b) _____

2. Vas a despertarnos muy temprano, ¿verdad?

a) _____

b) _____

3. Bañé al perro el sábado por la noche.

   a) _____

   b) _____

4. Mi abuela me lavó la cara.

   a) _____

   b) _____

5. Ernesto y su hermano me compraron un auto.

   a) _____

   b) _____

B ¡Qué mañana! *Complete la siguiente narración con la forma apropiada del verbo que se da entre paréntesis.*

Ayer por la mañana yo **1.** (despertarse) _____ muy tarde, sorprendido

de que **2.** (olvidarse) _____ de poner el despertador la noche

anterior. Normalmente, después de **3.** (despertarse) _____, me

gusta **4.** (quedarse) _____ en la cama unos minutos para

5. (prepararse) _____ para el día que viene, pero como era tarde,

6. (levantarse) _____ en seguida y fui al baño. Antes de **7.** (ducharse)

_____, **8.** (afeitarse) _____ y **9.** (cepillarse)

_____ los dientes. Después de la ducha **10.** (secarse)

_____ y volví a la alcoba para **11.** (vestirse) _____. No

pude **12.** (desayunarse) _____ porque no tenía tiempo, pero sí

13. (comerse) _____ rápidamente una manzana. Estaba por salir corriendo al trabajo cuando **14.** (fijarse) _____ en el calendario colgado

en la pared de la cocina y **15.** (darse) _____ cuenta de que ¡era sábado!

¡Por eso no había puesto el despertador! **16.** (Reírse) _____ de mí

mismo un momento, luego **17.** (dirigirse) _____ a la alcoba, donde

18. (desvestirse) _____ y **19.** (acostarse) _____,

esperando poder volver a **20.** (dormirse) _____ después de mis

preparativos innecesarios por **21.** (haberse equivocado) _____ de día.

C **Verbos reflexivos intransitivos.** *Traduzca al español los verbos entre paréntesis.*

Jorge **1.** (ate up) _____ most of the popcorn, and what he didn't

eat he **2.** (took [carried away]) _____ with him. He ate so quickly

I don't think the butter even had time **3.** (to melt) _____.

Why did he **4.** (go off) _____ like that? Who knows? Maybe

5. (he was having) _____ his hair cut. Maybe **6.** (he was going to

have) _____ his picture taken. Maybe he was hoping **7.** (to take)

_____ a well deserved rest. In any case, knowing Jorge, I'm sure

8. (he will enjoy himself) _____.

D **¿Morir o morirse?** *Ponga una X en los espacios en blanco si se debe emplear
la forma reflexiva.*

_____ **1.** Forty thousand people died on the highways last year.

_____ **2.** Papa, please don't die!

_____ **3.** Three children died in the flood.

_____ **4.** She was dying to buy his new CD.

_____ **5.** I was dying of laughter.

_____ **6.** To die or not to die, that is not the question.

_____ **7.** The poor thing has been dying for weeks.

_____ **8.** The dog, wounded in the savage fight, died a few days afterward.

El «se» impersonal

E **Usos del «se» impersonal.** *Traduzca al español las siguientes oraciones usando el «se» impersonal.*

1. That isn't done here.

_____

2. You (One) eat(s) well here.

_____

3. How do you (does one) dance this rhythm?

_____

4. One shouldn't talk in the library.

_____

5. You don't always dream when you sleep.

_____

La voz pasiva

F **La verdadera voz pasiva.** *Escriba oraciones a partir de los elementos dados, según el modelo.*

Modelo: novela / publicar / Juan / recientemente

             Esa novela ha sido publicada por Juan recientemente.

1. apenas suena la alarma / ladrón / detener / la policía

_____

2. profesora / no engañar / mentira / estudiante (f.) / semana pasada

_____

3. cena de anoche / preparar / la prima / Luisa

_____

4. ojos / Roberto / examinar / oftalmólogo (m.) / pasado mañana

_____

5. mi tía / operar / tres veces / mismo cirujano / año pasado

_____

La voz pasiva aparente

G **¿Ser o estar?** *Traduzca al español la palabra entre paréntesis.*

1. Empezaron a llegar los invitados, pero la mesa no (*was*) _____ puesta todavía.

2. Todas las tiendas ya (*are*) _____ cerradas.

3. El popular político (*was*) _____ asesinado por un resentido.

4. Raulito no pudo ver el desfile aunque (*he was*) _____ de pie.

5. Las calles (*were*) _____ decoradas con flores para la fiesta.

6. Los niños todavía (*were*) _____ dormidos y su mamá tuvo que despertarlos.

7. La ciudad (*was*) _____ destruida por un violento huracán.

8. Cuando terminó la fiesta, las calles (*were*) _____ cubiertas de papeles y basura.

El «se» pasivo

H **Admiración, amor y respeto.** *Traduzca al español.*

1. That writer is much admired.

_____

2. She is much loved.

_____

3. He will be imprisoned soon.

_____

4. They are very respected.

_____

5. I was given a prize.

_____

I **Un poco de todo.** *Traduzca al español.*

1. All the contracts were signed quickly.

_____

2. We are not accustomed to telling lies.

_____

3. Rolando was asked to play the guitar.

_____

4. He was allowed to enter.

_____

5. Much money will have been saved by July 15.

_____

6. After the accident, the skier feared that his legs were broken.

_____

7. It was obvious that the flowers had been brought by Jorge.

_____

8. The food was already heated when we arrived.

_____

9. The reports were checked over by the boss.

_____

10. I'm sure that the passive voice is understood now by everyone.

_____

12.3 SECCIÓN LÉXICA

A **Los sustantivos colectivos: analogías.** _Complete las analogías empleando los sustantivos colectivos que se presentan en las páginas 330-332 del libro de texto._

1. billetes → fajo : papel → _____

2. hormigas → hormiguero : abejas → _____

3. fotos → álbum : cartas → _____

4. coro → cantantes : congregación → _____

5. jugadores → equipo : marineros → _____

6. ovejas → rebaño : cerdos → _____

7. insectos → nube : abejas → _____

8. pájaros → bandada : lobos → _____

9. ladrones → pandilla : alborotadores → _____

10. herramientas → juego : platos → _____

11. pelo → mechón : trigo → _____

12. empleado → personal : sirviente → _____

13. islas → archipiélago : montañas → _____

14. piedras → montón : árboles → _____

15. llaves → manojo : uvas → _____

16. barcos → flota : gitanos → _____

17. flores → ramo : hojas → _____

18. peces → banco : elefantes → _____

19. hormiga → ejército : langostas → _____

20. camellos → caravana : mulas → _____

21. estrellas → constelación : árboles frutales → _____

22. actores → compañía : soldados → _____

23. cantantes → dúo : bueyes → _____

24. ladrones → banda : directores → _____

25. músicos → orquesta : soldados → _____

B *To move. Complete las oraciones siguientes con un equivalente de* to move *o con uno de los modismos relacionados con este verbo.*

1. No me fiaba del desconocido y _____ él lo más

   que pude.

2. He trabajado mucho y el proyecto _____ bien.

3. Ese Carlitos nunca descansa; siempre quiere estar _____.

4. Las palabras apasionadas del orador _____ a todo el

   público.

5. Cuando tenía cinco años, mi familia _____ a Toledo.

6. ¿Qué ha pasado con la silla que estaba en ese rincón? ¿Quién la

   _____?

7. Tan pronto como llegó a casa, Lupe _____ ropa porque

   pensaba salir de nuevo a cenar.

8. _____ final de Andrés en el partido de fútbol nos hizo

   ganar el campeonato.

9. Como se le habían perdido las gafas, Ángela tuvo que

   _____ la tele para poder ver bien la pantalla.

10. Paralizado de miedo, el pobre animal no _____ de

    debajo del arbusto donde estaba escondido.

A **Desiertos y minas.** *El autor del artículo de este capítulo compara el desierto de Atacama con una serpiente y le atribuye rasgos de animal a la Mina San José. La mina ruge y tiene fauces. ¿Cuál será el propósito del autor al describir de esta manera cosas inanimadas? ¿Es para hacer resaltar lo peligroso del terreno y de ser minero? ¿Qué impresión le da al/a la lector(a) tal recurso estilístico? Explique su opinión.*

_____

_____

_____

_____

_____

_____

B **Un informe.** *Siguiendo las sugerencias del libro de texto para componer un informe bien organizado e interesante, escriba uno breve sobre algún aspecto —histórico, económico, cultural, social— de la presencia indígena en los Estados Unidos.*

_____

_____

_____

_____

_____

_____

_____

_____

_____

_____

_____

_____

_____

_____

_____

CAPÍTULO 13

LA NATURALEZA

13.1 | L E C T U R A |

«A la deriva» (Horacio Quiroga)

A **Un resumen.** *Complete el párrafo siguiente con los vocablos presentados a continuación.*

abultamiento	efluvios	juramento	rancho
apresuradamente	en cuesta arriba	monte	relampagueos
arremolinado	encajonaba	murallas	reponerse del todo
atracar	entenebrecido	ojeada	ronco arrastre
blanduzco	escalofrío	palear	rugió
caldeaba	espantada	palo	sabor
caña	estertor	pantorrilla	se ligó
ceder de tensa	hinchado	patrón	tendido de pecho
damajuana	hoya	picada	trapiche
de plano	incorporarse	prestó oído	trasponía
desbordaba	ingle	puntadas	víbora
disgustados	irradiar	quemante	

Un hombre pisó algo (**1**) _____ que resultó ser una

(**2**) _____, una yaracacusú. El hombre dio un salto con un

(**3**) _____, echó una (**4**) _____ a su pie

mordido, luego sacó su machete, lo dejó caer (**5**) _____ sobre

la culebra y la mató. Un dolor agudo empezó a (**6**) _____

desde la mordedura y el hombre (**7**) _____ el tobillo

(**8**) _____ y se dirigió hacia su (**9**) _____.

El dolor en el pie le iba aumentando, como sensación de tenso

(**10**) _____, y de repente sintió unas (**11**) _____

que se habían extendido hasta la (**12**) _____. Caminaba con

dificultad y tenía una sed (**13**) _____. Para cuando llegó a casa,

todo el pie estaba (**14**) _____, con la piel a punto de

(**15**) _____. Trató de llamar a su mujer, pero con la garganta

tan seca, solo le salió un (**16**) _____ de garganta. Por

fin pudo llamarla en un (**17**) _____, pidiéndole

(**18**) _____, pero el líquido no parecía tener ningún

(**19**) _____. El hombre (**20**) _____,

insistiendo en que su esposa le sirviera lo que le había pedido, y la

(**21**) _____ mujer le trajo una (**22**) _____.

La bebida no mitigó la sed del hombre, y mientras tanto la carne de la

pantorrilla ya (**23**) _____ sobre la ligadura. El hombre

sentía (**24**) _____ en la pierna que le llegaban hasta la

(**25**) _____ y a la par su respiración (**26**) _____

la horrible sequedad de garganta. Cuando trató de (**27**) _____, un vómito repentino lo forzó a apoyar la frente en la rueda de

(28) _____ del **(29)** _____. Sin deseos de

morir, el hombre descendió a la orilla del río Paraná y subió a su canoa, esperando

poder **(30)** _____ al centro del río para que la corriente lo

llevara a Tacurú-Pucú. Llegó al centro del río, pero no pudo usar la pala y notó que el

sol ya **(31)** _____ el bosque. La inflamación del pie iba

extendiéndose por el resto de la pierna y el hombre decidió pedirle ayuda a su amigo

Alves, aunque hacía mucho tiempo que estaban **(32)** _____.

Pudo **(33)** _____ en la orilla y arrastrarse por la

(34) _____ **(35)** _____, pero le faltaron las

fuerzas y quedó **(36)** _____. Gritó el nombre de su amigo, pero

(37) _____ inútilmente porque nadie le contestó. Pudo volver a

la canoa y seguir por el río **(38)** _____ que corría entre las

(39) _____ de la **(40)** _____ que lo

(41) _____. Ya atardecía cuando el hombre tuvo un

(42) _____, pero luego se dio cuenta de que se sentía mejor, con

menos dolor y sed, y esperaba **(43)** _____. Empezó a pensar en

sus antiguos amigos de Tacurú-Pucú y en su antiguo **(44)** _____,

mister Dougald. Se ponía el sol, el paisaje ya estaba **(45)** _____

y el aire estaba lleno de los **(46)** _____ del

(47) _____. El hombre seguía tratando de recordar a las

personas de su pasado cuando lo sorprendió la muerte.

B **Asociaciones.** *Escoja la palabra o frase que no tenga relación con las otras dos.*

	a	b	c
1. _____	palear	golpear	remar
2. _____	tranquilizado	entenebrecido	oscuro
3. _____	prestar oído	convencer	tratar de oír
4. _____	resueltamente	apresuradamente	rápidamente
5. _____	encajonar	seleccionar	cerrar
6. _____	adelantar	trasponer	pasar
7. _____	tirante	exigente	tenso
8. _____	pretender	tratar de	disponer
9. _____	cima	bosque	monte
10. _____	extenderse	irradiar	brillar
11. _____	gastado	turbulento	arremolinado
12. _____	tos grave	respiración agónica	estertor
13. _____	hallarse bien	esforzarse más	sentirse bien
14. _____	encogido	asustado	espantado
15. _____	acaso	quizá	por casualidad
16. _____	inspiración	vaho	respiración
17. _____	levantarse	incorporarse	engordarse
18. _____	efluvio	esencia	olor

| 19. | _____ | lastimado | inflamado | hinchado |
| 20. | _____ | ligar | aliar | atar |

13.2 | S E C C I Ó N   G R A M A T I C A L |

La función adjetival de la forma -ing

A **El participio activo.** *Convierta los siguientes infinitivos en participios activos según el modelo.*

Modelo: arder > ardiente

1. descender _____   4. hablar _____

2. fulgurar _____   5. sobrar _____

3. quemar _____   6. deprimir _____

7. semejar _____   10. cortar _____

8. sonreír _____   11. sofocar _____

9. doler _____   12. colgar _____

B **Preposiciones + infinitivo.** *Complete las siguientes expresiones en español.*

1. a sewing machine   una máquina _____

2. a typewriter   una máquina _____

3. He stopped breathing.   Cesó _____

4. She stopped talking.   Dejó _____

5. three years without seeing him   tres años _____

C ¿«Or/a», «oso/a», «ante» o «ente»? *Complete las siguientes oraciones con la forma adjetival de los infinitivos dados.*

1. Es una joven _____. (encantar)

2. Era un chico excesivamente _____. (conversar)

3. Fue una situación realmente _____. (sorprender)

4. Este es un trabajo muy _____. (cansar)

5. Son profesores extremadamente _____. (emprender)

6. Luis me ofendió con sus palabras **a.** _____ (herir) y yo le

   respondí de una manera **b.** _____. (cortar)

7. El rufián me echó una mirada _____. (amenazar)

8. Mi jefe es un hombre muy _____. (exigir)

D **Preposiciones y...** *Traduzca al español las expresiones entre paréntesis para completar estas oraciones.*

1. (*After having been sick*) _____ por tantas semanas,

   por fin don Ricardo comenzó a recuperarse.

2. (*Upon hearing*) _____ las buenas noticias, todos se

   pusieron contentos.

3. **a.** (*Before leaving*) _____ de casa, Marta desenchufó

   la plancha que **b.** (*she had just finished using*) _____.

4. Marina se remontó en el tiempo (*until remembering*)

_____ su primer día de clase.

5. (*Without paying attention*) _____ al tránsito, el taxista

seguía jugando con su celular.

E **Infinitivos = sustantivos.** *Traduzca al español las palabras que se dan entre paréntesis.*

1. Es importante que los líderes no abusen de su (*power*) _____.

2. ¿Cuál es tu (*view*) _____ sobre este asunto?

3. Marco no cumplió con su (*duty*) _____.

4. Hay que tener en cuenta el (*feeling*) _____ de los demás.

5. Marcelo es un poco prepotente y a muchos no nos gusta su forma de

(*being*) _____ .

6. Los cazadores salieron para el bosque al (*dawn*) _____.

7. Se veía claramente el (*sorrow*) _____ de la viuda.

8. Don Ricardo es muy rico; varias empresas forman parte de su (*assets*)

_____.

9. Todos se sorprendieron del (*knowledge*) _____ de una niña

tan pequeña.

10. Los murciélagos salían de las cuevas después del (*dusk*) _____.

Funciones adverbiales del gerundio

F **El gerundio.** *Reemplace las frases en cursiva con otras que empleen el gerundio, según el modelo.*

Modelo: *Mientras caminaba ayer por la calle*, me encontré con Julio.

Caminando ayer por la calle...

1. *Cuando el maestro entró en el aula*, los estudiantes dejaron de charlar entre sí.

   _____,...

2. *Como sabía que Eduardo era un mentiroso*, Raquel no creyó ninguno de sus chismes.

   _____,...

3. *Aunque me lo digas tú*, no creo que Ana se haya fugado con Martín.

   _____,...

4. *Si tú estuvieras en mi lugar*, ¿qué harías?

   _____,...

5. *Ahora que lo pienso bien*, es mejor que no invitemos a Javier a la fiesta.

   _____,...

G **Los tiempos progresivos.** *Traduzca las siguientes oraciones.*

1. Laura is going around bragging about her engagement to Felipe.

   _____

2. Paco said that he was coming at ten o'clock.

_____

3. We were working all day yesterday.

_____

4. Ramona is recovering more and more.

_____

5. I am writing to request your help.

_____

6. I have been waiting for Luis for hours.

_____

7. After a brief rest, Héctor continued working.

_____

8. We are arriving the day after tomorrow.

_____

H **Equivalencias.** _Traduzca al español las siguientes oraciones._

1. I saw her leaving.

_____

2. They heard me coughing.

_____

3. He drew her dancing alone.

_____

4. We remembered them hugging each other.

_____

5. I surprised her crying.

_____

El participio pasado en construcciones absolutas

I **Equivalente a «Si...»** _Escriba oraciones de acuerdo con el modelo, y después tradúzcalas al inglés._

Modelo: morir su padre / el pobre quedarse huérfano

        a) Muerto su padre, el pobre se quedaría huérfano.

        b) If his father were dead, the poor boy would end up orphaned.

1. morir su padre ayer / todos estar de luto hoy

    a) _____

    b) _____

2. Una vez terminar la tarea / yo sentirse bien

    a) _____

    b) _____

3. descansar / Elena volver al trabajo

    a) _____

    b) _____

4. devolver mis apuntes / yo poder estudiar esta noche

    a) _____

    b) _____

5. teñir el pelo / verte mucho más joven

a) _____

b) _____

13.3 ‖ S E C C I Ó N   L É X I C A ‖

A **Adjetivos.** *Complete con una palabra apropiada de la siguiente lista.*

amorosa/chocantes/entrante/ganador/hispanohablantes/humillante/
indecorosa/insultantes/pendiente/poniente

1. las noticias   **3.** una experiencia

_____   _____

2. el sol   **4.** el mes

_____   _____

5. la relación   **8.** el equipo

_____   _____

6. las palabras   **9.** los muchachos

_____   _____

7. la conducta   **10.** una cuestión

_____   _____

B **Algo que me...** *Dé un adjetivo para cada una de las siguientes definiciones.*

1. Algo que me deja sordo.   _____

2. Algo que me conmueve mucho.   _____

3. Algo que me pone los pelos de punta.   _____

4. Algo que me llama la atención. _____

5. Algo que me parte el alma (*breaks my heart*). _____

6. Algo que me deslumbra. _____

13.4 | P A R A   E S C R I B I R   M E J O R |

A **El engaño del desenlace.** *Típico de muchos de los cuentos de Quiroga, el desenlace de «A la deriva» no es el esperado. Nosotros los lectores sabemos desde el principio del cuento que el protagonista ha sido mordido por una víbora y nos enteramos de que el hombre es poco simpático (trata bruscamente a su esposa y está peleado con su viejo amigo). Sin embargo, hasta el final esperamos que el hombre sobreviva la mordedura venenosa. ¿Cómo logra esto el narrador? ¿Contribuyen las descripciones casi gráficas de los efectos del veneno? ¿Cómo? Fíjese Ud. también en cómo cambian las descripciones del río y su entorno y del estado físico del protagonista, especialmente en los últimos seis párrafos del cuento. ¿Cómo influyen estos cambios en la expectativa de los lectores? Explique su opinión.*

_____

_____

_____

_____

_____

_____

_____

_____

_____

_____

B **Recursos estilísticos.** *En el capítulo 10 del libro de texto se repasan las cualidades de una buena descripción. Pensando en esas características, y aprovechando los adjetivos presentados en la sección de Ampliación léxica de este capítulo, describa un momento del día, como el amanecer, el mediodía o el anochecer, en que se produce un cambio evidente. Puede ser un día de cualquier estación, pero la descripción debe incluir por lo menos tres símiles y tres metáforas, además de mostrar cierta variedad léxica.*

_____

_____

_____

_____

_____

_____

_____

_____

_____

_____

_____

_____

_____

_____

CAPÍTULO 14

LA IMAGINACIÓN POPULAR

14.1 | L E C T U R A |

«Las leyendas urbanas» (Lupita Lago, «Gaceta de Puerto Príncipe»)

A **Un resumen.** *Complete el párrafo siguiente con los vocablos presentados a continuación.*

acontecimientos	desmienten	lleno total	relucientes
alcantarillas	dos dedos de frente	montaje	se desbarató
atasco	eficacia	pandilla	se estrelló
cantera inagotable de	enredado	pasajero	se fingió
cautela	escondite	patrañas	se había lastimado
corroe	fidedignos	pierde la razón	se remoja
cortantes	ganchos	picazón	se valen de
cuchillas de afeitar	grano	ponen los pelos en punta	testigos
de boca en boca	había rascado	precipitó	trozo

derrumbe	inverosímiles	puesto en tela de juicio	visos
descabelladas	lanzados	rebanar	

Ya hace años que las leyendas urbanas andan (1) _____, pero hoy día se difunden fácilmente por Internet y estas historias (2) _____ se leen todos los días. Un relato que todos conocemos es el de la joven que tenía una araña escondida en su peinado. En los años 60 y 70, muchas mujeres se "batían" el pelo para darle volumen, y lo llevaban ahuecado en la parte superior de la cabeza. A veces el pelo les quedaba tan (3) _____ que era difícil peinarse todos los días.

La joven de la leyenda sentía tanta (4) _____ en la cabeza y se la

(5) _____ tanto, que (6) _____. Una araña aprovechó la herida para depositar ahí sus huevos. Cuando la chica por fin (7) _____ el peinado, las arañitas ya habían penetrado en su cerebro. En una versión moderna del cuento, la araña pica a la joven en la mejilla y le produce un (8) _____ grande dentro del cual nacen las arañitas. La chica no muere, pero

(9) _____ cuando el tumor se abrió y las arañitas salieron de su cara.

Otra leyenda urbana cuenta la existencia de cocodrilos albinos y ciegos que habitan el sistema de (10) _____ de Nueva York, (11) _____ allí desde inodoros cuando eran pequeños. Aunque el cuento se basa en la realidad, es imposible que los cordilos pasen por la tuberías sin causar un (12) _____, ni pueden sobrevivir en el ambiente de las alcantarillas.

Muchas de tales (13) _____ tienen que ver con personas famosas, como la creencia falsa de que se congeló el cuerpo de Walt Disney o que

(14) _____ la muerte de Elvis porque se descubrió que era un agente del

gobierno y tuvo que entrar en el programa de protección de (15) _____

resguardarse en un (16) _____ secreto.

Hay varios tipos de leyendas urbanas, pero casi todas tienen en común un aspecto

inquietante o aterrador. Algunos ejemplos son las (17) _____ y otros

objetos cortantes o tóxicos (18) _____ que se dice que se meten con

malicia en los dulces que se les reparten a los niños el Día de las Brujas. Otra

leyenda habla de personas a quienes los traficantes de órganos les han quitado un

riñón. Otros mitos urbanos, aunque son falsos, tienen (19) _____ de

verosimilitud (*truth*). Uno tiene que ver con el «coche con las luces apagadas»,

que se trata en realidad del rito de iniciación de una (20) _____; la persona

que enciende y apaga las luces se identifica como la víctima del nuevo iniciado. Esta

leyenda era tan perturbadora que algunas estaciones de policía de la Florida la

tomaron en serio y le aconsejaron (21) _____ al público. Muchos de los

correos masivos que se reciben dan consejos sobre la salud, pero no son

(22) _____ y su (23) _____ es dudosa. Se les han atribuido,

falsamente, efectos negativos a algunos productos usados comúnmente. Por ejemplo, se

ha dicho que la Coca Cola contiene un ácido que (24) _____ el metal y que

si (25) _____ en Coca Cola un (26) _____ de carne por 24

horas, se desintegra.

Sin embargo, no todas las historias que leemos son falsas. Está la del famoso

violinista Joshua Bell, quien, pocos días después de dar un concierto con un

(27) _____, aun cuando las entradas costaban $100, tocó por 45 minutos en

el metro de Washington DC y nadie le hizo caso. Otras leyendas urbanas contradicen

la realidad de algunos (28) _____ históricos. Entre otras, hay las que

insisten en que el ataque del 11 de Septiembre del 2001 fue un (29) _____ ideado por la CIA, y que ningún avión **(30)** _____ contra el Pentágono.

Hay teorías sobre los asesinatos de John F. y Robert Kennedy y Martin Luther

King, Jr. que **(31)** _____ los informes oficiales. Hasta se han

(32) _____ algunas muertes supuestamente accidentales, como las de la

Princesa Diana y Dodi Fayed. Para el cine de horror, las leyendas urbanas son una

(33) _____ temas. Varios personajes cinematográficos, basados en

personas históricas, **(34)** _____ cuchillos o **(35)** _____ para

(36) _____ el cuello de sus víctimas, y hay quienes que afirman que

vieron al Hombre Polilla, con sus alas y ojos **(37)** _____, antes del

(38) _____ del puente de West Virginia que **(39)** _____ varios

coches a las aguas del río Ohio en 1967. Claro, los que tienen **(40)** _____

no dan crédito a tales leyendas urbanas, pero nos gusta conocerlas y

compartirlas con nuestros amigos, aunque las historias son **(41)** _____.

A algunos también nos encanta ver películas basadas en esas historias, que nos

(42) _____. Experimentamos un miedo **(43)** _____ para escapar

de la rutina diaria, pero sabemos subconscientemente que nada de eso es verdad.

B **Asociaciones.** *Indique la palabra o frase que no tenga relación con las otras dos.*

		a	b	c
1.	_____	valioso	reluciente	brillante
2.	_____	efectividad	realidad	eficacia
3.	_____	de poca duración	pasajero	insignificante
4.	_____	dar pie a	subir a	originar
5.	_____	esfuerzo	montaje	farsa
6.	_____	cantera inagotable de	seguro de	mina muy rica en

7.	_____	atardecer	chocar	estrellarse
8.	_____	tarea	atasco	obstrucción
9.	_____	alrededor de	en torno a	detrás de
10.	_____	en estado	avergonzada	embarazada
11.	_____	dudar	debilitar	doblegar
12.	_____	derrumbe	ruido	caída
13.	_____	confiable	fidedigno	elegante
14.	_____	entretener	fingir	simular
15.	_____	suceso	acontecimiento	éxito
16.	_____	velludo	cuero cabelludo	piel de la cabeza
17.	_____	rumor falso	patraña	rompecabezas
18.	_____	inverosímil	improbable	poco lógico
19.	_____	libre	incauto	cándido, sin malicia
20.	_____	disparar	liberar	lanzar

14.2 SECCIÓN GRAMATICAL

Relativos y conjunciones

A ¿«Que», «quien(es)» o «lo que»? *Complete las oraciones con el pronombre relativo apropiado.*

1. La casa _____ Fernando compró por muy poco dinero era blanca.

2. Allí vienen los chicos de _____ te hablé hace dos días.

3. ¿Quién te dijo **a.** _____ Margarita era mi novia?

b. ¡_____ no entiendo es por qué la gente insiste en

hablar tanto de mi vida privada!

4. El médico a _____ Elena llamó no estaba en su

consultorio.

5. Ese es el empleado **a.** _____ me vendió los zapatos

b. _____ te gustaron tanto. **c.** _____ no

comprendo es por qué te gustan.

6. Rafael y Ramón eran los enfermos para _____ compré la

medicina.

7. Los jóvenes _____ nos robaron ayer parecían rufianes.

8. Los estudiantes del turno noche, a _____ les tomé esa

prueba, resultaron muy estudiosos.

9. ¿Estaban bien los entremeses **a.** _____ probaste en la fiesta

b. _____ dio Inés?

10. La dirección de mis tíos _____ me dio mi primo no era la

correcta.

11. Todos mis amigos me dicen **a.** _____ ese es el hombre a

b. _____ me parezco tanto.

12. ¿Sabes **a.** _____ oí recientemente? Oí

b. _____ Alicia y Rosa eran las chicas con

c. _____ Eduardo salía al mismo tiempo.

13. El policía _____ me puso la multa era corrupto.

14. El hombre a **a.** _____ conociste anoche en la fiesta

   b. _____ dio Carmen era una persona

   c. _____ nos parecía muy rara a todos.

15. a. _____ quieres no es siempre **b.** _____

recibes.

16. Sarita, _____ es buena amiga de mi prima, estudia para

enfermera.

17. Eduardo no escuchaba con atención _____ decía su

profesora y por eso no sabía la respuesta correcta cuando ella le hizo esa

pregunta.

B **¿Qué pronombre relativo?** *Subraye o señale con un círculo el pronombre*
relativo más adecuado para cada oración.

  1. Ésa es una herramienta sin (que, la que, lo cual) no se puede hacer el
trabajo.

  2. (Que, La que, La cual) acaba de llegar es la Srta. Montiel.

  3. La parte (que, al que, a la cual) él se refiere es la sección tres.

  4. El caballero inglés, (quien, el cual, a quien) conoció Ud. ayer, es un famoso
inventor.

  5. En el castillo hay tres torres desde (que, las cuales, cuales) se ve todo el
valle del río.

  6. El hombre (que, al que, de quien) Ud. me habló vino a verme hoy.

  7. Las muchachas (que, a quienes, quienes) me escribieronse llaman Estrella
y Norma.

8. Esas son las novelas (las cuales, las que, que) le gustaron tanto a su mamá.

9. Le daré (que, lo cual, lo que) he recibido.

10. La hija del gerente, (de quien, al que, la cual) es amiga mía, está enferma ahora.

11. El proyecto del Sr. Sabater, (que, el cual, del cual) le hablé a Ud. en Madrid, tiene ventajas apreciables.

12. (Las que, Los que, Los cuales) vinieron a las tres son los ayudantes del jardinero.

13. La secretaria de mi jefe, (al cual, de quien, la cual) parecía muy preocupada, vino a mi despacho.

14. La Guerra Civil española fue un conflicto durante (la cual, el cual, que) murieron miles de ciudadanos inocentes.

C **Más pronombres relativos.** *Complete las oraciones con el pronombre relativo* **que, quien(es), lo que, lo cual, el que** *y sus otras formas o* **el cual** *y sus otras formas, según corresponda.*

1. Orlando se puso furioso, _____ no le gustó a nadie.

2. Los amigos de Marta, _____ salían conmigo, robaron un banco.

3. No pude averiguar _____ había pasado.

4. El profesor _____ enseña matemáticas se fue de vacaciones.

5. No pude encontrar la revista sin _____ no iba a poder terminar mi ensayo a tiempo.

6. La exhibición, contra _____ hubo muchas quejas, fue un desastre.

7. Las personas a _____ me refiero saben que se han portado mal.

8. La persona **a.** _____ me dijo esas cosas resultó ser la

persona de **b.** _____ se habían quejado mis vecinos.

9. El dentista de Elena, _____ ha recibido muchos premios, es

de la República Dominicana.

10. Espero que el bruto **a.** _____ me rompió el estéreo reciba el

castigo que merece, **b.** _____ probará que hay justicia.

11. La Torre Sears es uno de los edificios más altos del mundo, desde

a. _____ se puede ver toda la ciudad de Chicago cuando no

hay nubes, **b.** _____ ocurre raras veces.

D **Algunas relaciones relativas: un poco de todo.** *Complete el siguiente diálogo con los pronombres relativos* **que**, **quien(es)**, **el que** *y sus otras formas,* **el cual** *y sus otras formas,* **lo cual** *y* **lo que**, *según el contexto.*

—Pues, ¡dime **(1)** _____ pasó, mujer! —insistió Laura.

—Ya te lo he dicho todo —le contesté, algo molesta, a mi amiga, a

(2) _____ conocía hacía muchos años ya y **(3)** _____

tenía la mala costumbre de querer saberlo todo, **(4)** _____ a veces

hacía el hablar con ella no del todo agradable. Ésta fue una de esas veces.

—Noriberto y yo fuimos a esa fiesta de **(5)** _____ te hablé hace

una semana, en casa de Ana, y no hay más que contar.

—Sí, a esa fiesta, después de **(6)** _____, si no recuerdo mal, Uds.

iban a otra. Bueno, **(7)** _____ quiero saber es ¿fueron Uds. a la

segunda o no? Porque Raquel, **(8)** _____ es la novia de mi primo,

me ha dicho que no los vio ni siquiera en la fiesta de Ana.

—Es posible que ella no viera a muchos de los invitados,

(9) _____, a fin de cuentas, no comprueba que los no vistos no

estuvieran presentes. Mira, Laura, no seas fastidiosa. En cuanto a

(10) _____ te ha indicado Raquel, con **(11)** _____

todavía no he tenido el gusto, me parece que se ha equivocado, porque

Noriberto y yo sí asistimos al baile de Ana, **(12)** _____, a

propósito, fue un desastre total. No entiendo por qué porfías en saber todas

estas pequeñeces de esa noche **(13)** _____ no tienen nada que ver

contigo.

—Pero es que no porfío, hija, es que me preocupo por ti. Y a mí me extraña

un poco que hayas dicho que la fiesta no fue divertida, porque Andrés,

(14) _____ es amigo de Sara, es un aguafiestas de los peores,

pero sin embargo, según **(15)** _____ me ha contado Esteban, hasta

él la pasó muy bien. ¿Tú conoces a Esteban? Es el hermanito de Rita,

(16) _____ se casó con el hermano de Sara hace poco. Creo que

Esteban me mencionó que te había visto en la fiesta, pero qué raro que no

me dijera nada de ver a Noriberto.

—No hay nada de raro en eso, Laura. Esa tarde Noriberto y yo salimos a

cenar en el Miramar, ese restaurante **(17)** _____ está situado

encima de una colina y desde **(18)** _____ se puede ver toda la

ciudad. Nos sirvieron unos mariscos espléndidos, después de

(19) _____ tomamos helado de postre. Desgraciadamente, parece

que los mariscos que nos habían servido no estaban buenos, porque poco

después Noriberto empezó a sentirse mal. Por eso, cuando llegamos a la casa de Ana, Noriberto tuvo que ir al baño **(20)** _____ estaba junto

a la cocina donde Ana estaba preparando unos bocadillos. Sin duda Esteban

me vio entonces. Como Noriberto seguía sintiéndose mal, nos fuimos

temprano y él me llevó a casa, todo **(21)** _____ explica por qué

Raquel no nos vio esa noche.

—¿Así que no fueron a la segunda fiesta? **(22)** _____ me acabas

de decir sí me confunde, porque la novia de Esteban, **(23)** _____

es muy observadora y a **(24)** _____ habían invitado a la segunda

fiesta **(25)** _____ daba Reinaldo, me ha dicho que más tarde vio

a Noriberto bailando con Ana, **(26)** _____ parecía muy interesada

en él. ¡Quién creyera que hubiera estado enfermo pocas horas antes! Cuando

Inés, la novia de Esteban, le preguntó dónde estabas tú, parece que le

contestó que te había llevado a casa porque no te sentías bien. Preocupada

por tu salud, Inés, **(27)** _____ siempre está pensando en el

bienestar de sus amigas, usó el teléfono **(28)** _____ estaba en el

pasillo para llamarte, pero me ha dicho que nadie contestó. ¿Saliste tú también?

—¿Todos esos espías tuyos **(29)** _____ te mantienen tan bien al

día con respecto a las actividades ajenas de **(30)** _____ te ocupas

tanto no te han podido informar de ese dato?

—No te pongas así, sabes bien que sólo miro por tu bien. Pero, sí, es verdad

que sé que saliste tú también más tarde, pobrecita, para ir a la discoteca

(31) _____ queda cerca de la casa de Eduardo, porque el sobrino

de Marta, **(32)** _____ me dice sólo tonterías la mayoría de las veces, pero en **(33)** _____ confío por ser tan buen amigo de

Eduardo, me ha contado que te vio allí esa noche. **(34)** _____ no

entiendo bien es por qué Eduardo no me mencionó nada de haberte visto en

la discoteca, porque Raúl, el sobrino, me indicó que te vio hablando con mi

novio. Es probable que no haya querido turbarme con **(35)** _____

él sabe de tus problemas con el Noriberto ese. Es tan amable, nunca me

habla de cosas **(36)** _____ él sabe pueden darme un disgusto. Oye,

¿qué te dijo Eduardo en la discoteca?

—Bueno, no recuerdo bien de **(37)** _____ hablamos, cosas sin

importancia, me imagino. A propósito, Laura, ¿qué has sabido de Eduardo?

—¿Eduardo? Pues, en realidad, hace mucho que no me llama,

(38) _____ me tiene bastante preocupada.

Pronombres relativos que contienen su propio antecedente

E ¿«Quien(es)» o «el/los que»? *No traduzca. Solo indique si debe usar* **quien**, **el que** *o cualquiera de los dos (de acuerdo con el modelo). Incluya una preposición si hace falta.*

Modelo: He who pays first...   Quien (El que)...

1. There are those who say...   _____

2. To whom it may concern...   _____

3. They will hire the one who   _____

arrives by 9:00 A.M.

4. Who laughs last, laughs best.   _____

5. Those who want to stay, please say so.   _____

6. The one who said that didn't know   _____

the facts of the matter.

El adjetivo relativo «cuyo»

F «Cuyo». *Complete las siguientes frases con la forma correcta de* **cuyo.**

1. Las escuelas _____ maestras...

2. Las niñas _____ padres...

3. La ciudad _____ población es más diversa...

4. Juan, _____ hermano trabaja en la misma fábrica,...

5. ¿Es tuya la habitación _____ ventanas siempre están cerradas?

G ¿«De quién» o «cuyo»? *Traduzca las siguientes oraciones.*

1. Whose story was that?

_____

2. Was it the story whose hero died?

_____

3. I don't know whose it was.

_____

4. The young woman whose husband just arrived is on the phone.

_____

5. Whose watch was it that he took?

_____

14.3 | S E C C I Ó N   L É X I C A

A **Modismos con partes del cuerpo.** _A continuación se presenta una lista de modismos con partes del cuerpo. Complete las frases que siguen con la letra que corresponde a la expresión que las complete mejor._

boca

    a. andará de boca en boca

    b. se me hace la boca agua

    c. se quedó con la boca abierta

brazo

    d. brazo derecho

    e. cruzarse de brazos

cabeza

    f. me rompo la cabeza

    g. tener la cabeza en las nubes

cara

    h. echar en cara

    i. tiene cara de pocos amigos

codo

    j. tiene el codo duro

diente

    k. hablar entre dientes

    l. tiene buen diente

lengua

    m. Lo tengo en la punta de la lengua

mano

    n. al alcance de la mano

    ñ. dar una mano

    o. cogieron con las manos en la masa

    p. darle otra mano

ojo

    q. cueste un ojo de la cara

    r. mira con buenos ojos

pelo

    s. con pelos y señales

    t. le tomes el pelo

pestaña

    u. se quema las pestañas

pie

    v. anda con pies de plomo

    w. dar pie con bola

uña

    x. son uña y carne

---

1. No puedo encontrar ninguna solución aunque _____

tratando de resolver mis problemas económicos.

2. Nunca tengo problemas con darle de comer a mi marido porque

_____; come de todo.

3. No sé qué haría si Ramón no me ayudara en los negocios. Es mi

_____.

4. Sara es muy desconfiada y siempre _____ en

cualquier situación social.

5. Si le dices a Javier lo de Elena, pronto la noticia

_____ porque él es incapaz de guardar un secreto.

6. ¿Qué le pasa a don José? Parece muy distraído y lo oí

_____.

7. Manuel, mi coche no funciona y necesito ayuda para arreglarlo. ¿Me puedes

_____?

8. No sé qué le he hecho a Matilde, pero ya no me _____.

9. No le preguntes a Jorge qué tal le fueron sus vacaciones. Si se lo preguntas, estarás escuchándolo por una hora por lo menos, porque cuenta todo

_____.

10. No conozco a ese señor, pero dudo que sea simpático porque

_____.

11. Es inútil pedirle una donación a ese avaro porque

_____ y no le sacarás nada.

12. Héctor es muy perezoso. Mientras todos sus compañeros de trabajo están ocupados, él no hace más que _____.

13. La comida de mi mamá sabe a gloria. Solo con pensar en lo que nos va a preparar esta noche _____.

14. Hoy todo me sale al revés. No sé por qué no puedo

_____.

15. Pepe, sé bueno y no _____ tanto a tu padre. El pobre no sabe mucho de videojuegos.

16. Cuando le dijeron a Inés que la iban a ascender a gerente,

_____.

17. Una ventaja de tener teléfono celular es que siempre está

_____.

18. Respondiendo a la alarma antirrobo, los policías entraron sigilosamente en la joyería y _____ al ladrón.

19. Vamos a comprar una casa nueva el año que viene aunque nos

_____.

20. ¡Qué vergüenza! No le debiste _____ a Ana el regalo

que le hiciste. Ella también te ha hecho buenos regalos.

21. ¿Cuál es el apellido de los vecinos de los Gómez?

_____, pero no puedo recordarlo.

22. Andrés no es el más listo de la clase, pero saca las mejores notas porque

_____.

23. Mi tío Ramón gasta dinero como si fuera millonario. Por lo tanto se ha

endeudado, pero eso no le importa. Parece _____.

24. Todavía se nota el empapelado debajo de la pintura de esa pared. Debes

_____.

25. Marta y Ana se conocen desde chiquitas y _____;

hacen todo juntas.

B **_Back._** _Escriba el equivalente en español de las palabras que se dan entre_
paréntesis.

When I arrived John was seated in the **1.** (back) _____ of his car,

Tom was lying on **2.** (his back) _____ on the nearby grass, and Paul

was leaning against **3.** (the back) _____ of an old chair. John was

examining **4.** (the back [_spine_]) _____ of a book, Tom was

complaining about **5.** (his back) _____, and Paul was worrying

about **6.** (his back pay) _____. From **7.** (behind the house)

_____ came a loud voice, telling John to move his car so there

would be room for her **8.** (to back) _____ the lawn mower into

the garage. At that instant Jane roared out **9.** (from back) _____

of the house on a very powerful lawnmower. I hadn't realized that she

10. (was back) _____ from her trip to see her sister, but we all

11. (backed away) _____ quickly.

C *Back*: **traducciones.** *Complete las oraciones con el equivalente apropiado de* back *según los indicios que se dan entre paréntesis. Tenga cuidado con el tiempo verbal y con el modo que use.*

1. Si Ud. piensa **a.** (*back out*) _____ con respecto a

nuestro contrato, insisto en que me **b.** (*give back*) _____ el

dinero que le pagué.

2. Al intentar subir al **a.** (*back seat*) _____ del coche, sentí un

dolor intenso en **b.** (*my back*) _____.

3. No, Jorge no está en la sala, creo que está en (*the back*)

_____ de la casa.

4. Pepe estaba echado hacia **a.** (*back*) _____ tanto contra

b. (*the back of the chair*) _____ que cayó tumbado

c. (*on his back*) _____.

5. Beto, cuando **a.** (*you get back*) _____ de la escuela, quiero

que me ayudes a limpiar **b.** (*the backyard*) _____.

6. No, doctor, no es la palma de la mano lo que me duele, sino (*the back*)

_____.

7. (*The back* [*spine*]) _____ de este libro está tan gastado que ni siquiera se puede distinguir el título.

8. Cuando Hernán vio la serpiente cascabel, empezó a **a.** (*back up*) _____ cautelosamente; ¡qué mala idea la suya de **b.** (*backpack*) _____ solo por esta parte del desierto!

9. Cuando el público vio al acróbata volar de un lado al otro del escenario no pudo (*hold back*) _____ un grito de temor y de sorpresa.

10. Yo te **a.** (*will call back*) _____ cuando **b.** (*I'm back*) _____ del viaje de negocios.

11. Las llamas y los camellos son excelentes animales de carga porque tienen (*their back*) _____ muy fuerte.

12. Héctor **a.** (*has his back to the wall*) _____ y no tiene quién lo **b.** (*back up*) _____.

13. Antes de cobrar este cheque, en necesario que Ud. firme (*the back*) _____.

14. Se guardan todos **a.** (*the back issues*) _____ de esa revista en **b.** (*back*) _____ del almacén, y para entrar hay que usar **c.** (*the back door*) _____.

15. Este no puede ser un Matisse verdadero. Mire, las pinceladas del (*background*) _____ no son típicas de ese pintor.

PARA ESCRIBIR MEJOR

A **La puntuación.** *Los siguientes pasajes resultan confusos porque se han suprimido los puntos y coma, y las comas. Agréguelos donde corresponda.*

1. Don Joaquín.

Al envejecer don Joaquín un antiguo amigo mío va transformándose físicamente de una manera llamativa apenas se parece al hombre que fue. En su juventud era robusto ahora pesa mucho menos de lo debido. De joven era alto fornido y moreno su pelo más oscuro que el plumaje de un cuervo ahora no es ni alto ni fuerte ni moreno sino encorvado enfermizo canoso. A pesar del hecho de que se haya puesto débil y que se le olvide constantemente cuál es la hora o el día o hasta el año lo esencial de mi amigo no ha cambiado sigue siendo una de las personas más buenas cariñosas y agradables que conozco. Muchos se ponen quejosos con los años especialmente por los achaques que son casi inevitables en la vejez él no. No voy a decir que sea un santo porque no hay ser humano que no se irrite de vez en cuando pero en general al encontrarse con don Joaquín en la calle ya uno sabe que va a tener una conversación amena. Así es don Joaquín que Dios lo guarde por muchos años más.

2. No estoy hecho para el invierno.

Nunca me ha gustado el invierno hace mucho frío y siempre ando incómodo. Los árboles desnudos y esqueléticos me parecen muy feos la tierra cubierta de nieve y salpicada de hojas secas no ofrece ningún consuelo el cielo a veces azul otras gris da la impresión de una cubierta grande que trata de contener el aire enfriado como si este (*the latter*) contagiara el resto del mundo si no se contuviera. Intento lo más posible quedarme dentro pero siempre es necesario salir para ir al trabajo o hacer las compras tener que hacerlas es un verdadero suplicio (*torture*). Sí ya sé hay gente a quien le encantan el tiempo frío y los deportes invernales a mí no. Solo espero ansiosamente la llegada de la primavera y los días de calor que trae mientras tanto aguanto (*endure*) el frío imaginándome tendido en una playa de la Florida.

B **Los acentos gráficos.** *Las frases de los siguientes diálogos resultan confusas porque faltan los acentos necesarios. Agréguelos donde corresponda.*

1. Un casamiento.

JULIO: Maria, ¿quien te informo que Raul e Ines se habian casado?

MARÍA: La verdad, no recuerdo bien. ¿Seria la tia de el? Solo se que si, que ahora estan casados. ¿Por que querias saber eso?

JULIO: Es que lo vi solo hace un par de semanas y cuando le pregunte que tal iban las cosas, a mi no me dijo nada de ningun casamiento. ¿Cuando fue la boda?

MARÍA:	Pues, segun su tia, fue anteayer, en la iglesia de Santo Tomas. Me dijo tambien que asistieron como 60 o 70 invitados, y aun mas segun ella.
JULIO:	¿Como? ¿Y el no nos invito a nosotros? ¿En que habria estado pensando?
MARÍA:	Sabra Dios, pero, ¡que sorpresa!, ¿no? ¡Quien iba a creer que Raul iba a terminar renunciando a su vida de solteron!
JULIO:	Tienes razon; yo nunca creia que fuera a casarse, y aun lo encuentro dificil de creer. Pero, claro, ojala que los dos vivan muy felices.

2. Hace falta un tema.

JOSÉ:	Buenos dias, Luisa, ¿como estas?
LUISA:	Muy bien, Jose, ¿y tu?
JOSÉ :	Un poco preocupado.
LUISA:	¿Que te preocupa?
JOSÉ:	Un trabajo para una clase. ¿Te puedo pedir tu opinion sobre el?
LUISA:	Si, claro.
JOSÉ:	Pues, la profesora de sicologia quiere que escribamos un trabajo de 14 o 15 paginas para su clase, y no se aun sobre que escribir. Solo se me ha ocurrido escribir sobre la caja de Skinner.
LUISA:	¿Pero, por que? Hay muchos mas temas posibles, aun miles.
JOSÉ:	Ya lo se, y por eso necesito tu ayuda. ¡Aconsejame, por favor!
LUISA:	Bueno, José, pensandolo bien, tal vez seria mejor que trabajaras solo.
JOSÉ	¿Por que?
LUISA:	Porque si te sugiero un tema, luego querras que te escriba el trabajo, y eso sera engañar.
JOSÉ:	No, chica, se razonable, no quiero nada sino un tema. Es que la profesora espera que le de mi trabajo este viernes y ¡no he escrito nada!

LUISA: Y a mi, ¿que? Lo siento, Josecito, pero es mejor que hagas tu trabajo. Adios.

JOSÉ: ¡No, Luisa, no me dejes asi! ¡Estoy frenetico!

C **El Área 51.** *Hay muchas leyendas urbanas que hablan de personas secuestradas por extraterrestres. Cuando los extraterrestres las devuelven, tales personas creen que estuvieron ausentes por solo un rato, pero en realidad estuvieron detenidas por horas, hasta días. Casi siempre se menciona en estas historias el Área 51, la base de la Fuerza Aérea situada en Nevada. Se dice que, hace décadas, una nave espacial se estrelló en el desierto y que en la base se conservan piezas de la nave, y hasta los cadáveres de los pilotos extraterrestres. ¿Qué cree Ud.? ¿Puede haber elementos verosímiles en estas historias, o son todas ficciones? Explique su opinión.*

_____

_____

_____

_____

_____

_____

_____

_____

_____

_____

_____

ANSWER KEY

CAPÍTULO 1

1.1

A. 1. se dio a 2. resueltamente 3. envoltorios
4. forrados 5. piel 6. condiscípulos 7. feúcas
8. gordiflón 9. punzaba 10. agudo 11. a poco
12. daban mucho qu hacer 13. malcriados
14. acobardados 15. tambaleante 16. aguados
17. palabrotas 18. acallar 19. predilecto
20. buscar pleito 21. horqueta 22. desmirriada
23. penacho 24. tullido 25. mendigaba
26. empellón 27. tinajero 28. palpó
29. en chirona 30. se propuso 31. espacios
32. de duelo 33. apenas 34. urna 35. A ratos
36. pésames 37. se sonaba 38. en voz alta
39. clavada 40. dulzura

B. 1. c 2. b 3. c 4. a 5. a 6. b 7. a 8. c 9. a
10. c 11. c 12. a 13. b 14. b 15. c 16. a
17. c 18. a 19. a 20. c 21. a 22. b 23. a
24. b 25. a 26. c. 27. a 28. c 29. a 30. b
31. c 32. b 33. c 34. c 35. a 36. b

1.2

A. 1. dimos 2. quise 3. durmió 4. siguió
5. estuvieron 6. pudiste 7. pidió 8. fui
9. leyeron 10. dijimos 11. empecé 12. fue
13. vinimos 14. cargué 15. pusiste 16. tuvieron
17. trajo 18. marqué 19. hicieron 20. oyó.

B. 1. nos despertamos 2. nos levantamos
3. bañarnos 4. vestirnos 5. desayunamos
6. salimos 7. ir 8. oímos 9. decidimos
10. Nos acercamos 11. tuvimos 12. detenernos
13. entró 14. vimos 15. comenzó 16. sentimos
17. me acordé 18. di 19. empecé 20. se espantó
21. siguió 22. llegué 23. demoró 24. Nos
detuvimos 25. esperamos 26. nos echamos
27. volvimos 28. dijimos 29. presenciamos

C. 1. éramos 2. nos divertíamos 3. vivíamos
4. se llamaba 5. pasábamos 6. rodeaban

7. Había 8. hacer 9. íbamos 10. veíamos
11. asistíamos 12. nos olvidábamos 13. tenían
14. reñían 15. entendían 16. hacíamos 17. era
18. nos sentábamos 19. hablar 20. se ponía
21. empezaban 22. nos preparábamos 23. nos
acostábamos

D. Answers will vary.
1. I; habitual action in the past; De niño, Martín visitaba con frecuencia a sus primos de Salamanca.
2. I / description of condition / Isabel necesitaba comprar un vestido nuevo para llevar a la fiesta.
3. P / completed action in the past / Anoche no me acosté hasta muy tarde.
4. P / completed action in the past / El pobre Samuel tuvo que trabajar todo el fin de semana.
5. I / description of ongoing familiarity and habitual action / Don Anselmo conocía a todos sus vecinos y siempre los saludaba.
6. P / marks the beginning of knowing something ("change in meaning verb") / Supe del accidente solo después de leerlo en el periódico.
7. P / absolute lack of action in the past ("change in meaning verb") / Marta no quiso ir con nosotros al cine.
8. P / absolute lack of action in the past ("change in meaning verb") / A causa de la tormenta, no pudimos ir a la playa ese día.
9. I / habitual action in the past and description of ongoing ability / Alicia estudiaba todas las noches y siempre sabía las respuestas en clase.
10. I / indication of age in the past and description of attitude or desire / Cuando yo era joven, quería ser policía.

E. 1. llegó 2. quiso 3. creía 4. iba 5. tener
6. tenía 7. parecía 8. se preocupaba 9. llegó
10. se sentó 11. sacó 12. miró 13. repartía
14. temblaban 15. recibió 16. pudo 17. dudaba

18. pasó 19. pareció 20. era 21. limitar
22. abrió 23. Leyó 24. se sintió 25. sabía
26. hizo 27. Siguió 28. terminó 29. dio
30. salió 31. se preguntó 32. comprendió
(comprendía) 33. había

F. 1. gustaban 2. pasábamos 3. encantaba
4. dejábamos 5. divertirnos 6. llamaba 7. poner
8. hice 9. estábamos 10. había 11. sé
12. estaba 13. decidí 14. saqué 15. puse
16. quedó 17. me encontré 18. Quise 19. pude
20. Tuve 21. estar 22. empecé 23. gritar 24. era
25. vio 26. ocurría 27. entró 28. salió 29. dijo
30. vertió 31. se separó 32. me sentí 33. volví

1.3

A. 1. anda haciendo eses 2. letra cursiva/itálica
3. al pie de la letra 4. el abecé 5. ni jota
6. poner los puntos sobre las íes 7. las eses de la
carretera 8. ni jota 9. la letra con sangre entra
10. (letra) negrita 11. con letra de imprenta/de
molde 12. una regla te 13. la letra pequeña
14. El abecedario 15. tiene las tres bes 16. equis
17. de pe a pa 18. llámese hache

B. 1. a) conozco b) sé 2. saben 3. a) sabía b) supo
c) Sabes d) conocieron 4. a) sabe b) saben
5. sabe 6. a) conocemos b) Saben 7. saben
8. a) Sabes b) conozco 9. Conoces
10. a) conocer b) sé 11. sabes 12. a) saber
b) sabía c) conocía 13. a) sabe b) sabe
14. a) conoce b) sabe 15. sé 16. a) conocen
b) saben 17. conocí 18. sabemos
19. a) conocieron b) Sabes 20. a) conoce b) sabe
21. Conoce 22. a) sabíamos b) supiste
23. conoció 24. a) conoce b) sé c) conozco
25. a) Sabe b) sabe

1.4

A. Answers will vary.
B. Answers will vary.

CAPÍTULO 2

2.1

A. 1. desterrados 2. celdas 3. barrotes 4. payasos
5. soportadas 6. hizo falta 7. en torno al
8. ingravidez 9. rancias 10. aparatos
11. desarmada 12 galpones 13. cautiverio

14. alberga 15. sostener 16. mirada
17. espantosa 18. parentesco 19. sensibles
20. incluso 21. abatimiento 22. crías
23. desamparo 24. viveza 25. indignos
26. aislamiento 27. misericordia 28. particulares
29. arrancados 30. aproximarse

B. 1. b 2. c 3. b 4. a 5. a 6. a 7. c 8. b 9. a
10. b 11. a 12. a 13. b 14. a 15. c 16. a 17. b
18. b 19. c 20. c

2.2

A. Answers will vary.
1. a) El espejo fue (está) roto. b) The mirror was
(is) broken. 2. a) El vídeo fue (está) conectado.
b) The VCR was (is) connected. 3. a) La estrella
de cine fue escogida por el director famoso.
b) The movie star was chosen by the famous
director. 4. a) La filmación ha sido (está)
suspendida indefinidamente. b) The filming has
been (is) suspended indefinitely. 5. a) El crimen
fue (está) resuelto. b) The crime was (is) solved.

B. 1. estaba, de 2. fue, en 3. era, a 4. estaba, por
5. estaba, de 6. estaba, con 7. estaba, a
8. estaba, de 9. era, de 10. era, de 11. estaba, de
12. estaba, a 13. fue, de 14. estaba, para
15. estaba, de 16. estaba, de 17. era, a

C. Answers will vary.
1. Habitualmente, Norma es muy callada, pero
esta noche ¡no deja de hablar!
2. Rafael y Héctor son empleados muy
trabajadores y conscientes.
3. Marco, ¿por qué no estás listo para salir para
la escuela?
4. Ana está muy interesada en estudiar biología.
5. Después de limpiar la casa por horas, todo
está como nuevo.
6. Esa es una empresa próspera e invertir dinero en ella es seguro.
7. El color de esta pintura es demasiado vivo
para usarlo en el comedor.
8. Esta película es tan divertida porque los
actores interpretan bien sus papeles.
9. Adán es una persona muy fría y por eso
tiene pocos amigos.
10. Son las tres y Sara todavía está despierta a
causa del ruido que hacen sus vecinos.

D. 1. a) son b) están 2. a) estar b) es 3. a) eres
b) Es 4. a) ha sido b) está c) es 5. a) es b) estoy
6. es 7. estaba 8. a) era b) era c) estaba 9. a) es

b) son 10. a) es b) está 11. a) es b) es 12. a) es
b) está 13. a) estamos b) ser 14. estar 15. están
16. es 17. fue 18. son 19. están 20. ser 21. es
22. a) estoy b) soy 23. a) es b) está c) está
24. a) es b) es c) estoy 25. a) eran b) estaban
26. es 27. a) era b) estábamos 28. está
29. a) era b) estaban 30. está

2.3

A. 1. a) los b) X   2. a) una b) X   3. a) Los b) X
4. a) una b) X   5. a) las b) X   6. a) unos b) X
7. a) los b) X   8. a) una b) macho 9. a) los
b) X   10. a) un b) X   11. a) unos b) X   12. a) las
b) X   13. a) un b) hembra 14. a) unos b) X
15. a) los b) X   16. a) El b) X   17. a) el b) X
18. a) un b) hembra 19. a) los b) hembra

B. 1. preguntar por 2. pedir 3. hacer 4. pedir
5. pedir 6. invitar 7. preguntar 8. preguntar
9. pedir 10. invitar

C. 1. invitó 2. hace muchas preguntas 3. pedí
4. preguntan por 5. pedir prestados
6. preguntábamos 7. pidieron 8. preguntaron
9. pedir prestadas 10. Invitaste 11. preguntaron
por 12. hace muchas preguntas 13. pedir
prestada 14. vamos a pedir 15. pregunté

2.4

A. 1. quien/quie/ra 2. su/rre/a/lis/mo 3. i/rre/a/li/
za/ble 4. Gro/en/lan/dia 5. or/gá/ni/co
6. fo/to/gra/fí/a 7. es/pe/cia/li/za/ción
8. con/tem/po/rá/ne/o 9. qui/nien/tos
10. neu/tra/li/dad 11. pa/ren/tes/co
12. i/rres/pon/sa/bi/li/dad 13. com/pren/sión
14. im/per/tur/ba/ble 15. he/li/cóp/te/ro
16. mi/llo/na/rio 17. gu/ber/na/men/tal
18. lim/pia/chi/me/ne/as 19. in/do/eu/ro/pe/o
20. cons/truc/ción

B. 1. A/mé/ri/ca 2. sel/vas 3. a/quí 4. pe/lí/cu/la
5. ca/fe/ci/to 6. pue/blo 7. an/da/luz
8. de/sem/ple/o 9. prác/ti/ca 10. Már/quez
11. á/gui/la 12. án/gel 13. cai/mán 14. his/pá/
ni/co 15. pa/ís 16. a/de/mán 17. pe/núl/ti/mo
18. en/vi/dia 19. en/ví/o 20. en/vié 21. ma/íz
22. dis/tra/í/do 23. vien/to 24. bau/tis/ta
25. miem/bro 26. es/drú/ju/la 27. Dios
28. dí/as 29. re/li/gión 30. cons/tan/te
31. des/pués 32. al/re/de/dor 33. so/nám/bu/lo
34. deu/da 35. far/ma/cia 36. es/tre/lla

37. ins/tru/men/to 38. pro/ble/ma 39. le/í/ais
40. por/tu/gue/ses 41. de/mo/cra/cia
42. de/mó/cra/ta 43. ca/rác/ter 44. ca/rac/te/res
45. al/go/dón 46. cons/truí 47. con/ti/nuo
48. con/ti/nú/o 49. sar/tén 50. fan/fa/rrón
51. psi/co/lo/gí/a 52. in/cre/í/ble 53. es/pá/rra/
gos 54. a/ma/bi/lí/si/mo 55. no/ro/es/te
56. tam/bor 57. al/ga/ra/bí/a 58. is/ra/e/li/ta
59. chi/llón 60. ba/úl 61. co/ne/xio/nes
62. a/le/mán 63. a/le/ma/nes 64. rio 65. rí/o
66. e/xa/men 67. e/xá/me/nes 68. ré/gi/men
69. re/gí/me/nes

C. 1. —Perdón. Ese señor quiere que Ud. le dé el
segundo mensaje, no el primero.
—¿De qué mensaje me habla? No sé nada de
ningún otro mensaje. Nos ha llegado uno solo.
—Pues, él dice que sí, que se le mandó otro. Si
Ud. no lo tiene, entonces ¿quién?
—Eso lo sabrá Dios. Creo que Ramón ha
recibido 5 o 6, o tal vez más. No sé; pregúntele a
él, no a mí, adónde ha ido a parar el segundo.
¡Qué bobada!
2. —Óyeme, Inés. Mi bolígrafo no está donde
creía que lo había dejado. ¿Sabes tú dónde está?
—No, no lo sé. ¿A ti se te perdió?
—Sí, por lo visto. Y si no lo encuentro, ¿con qué
escribiré la composición?
—¡¿Cómo?! Hay por lo menos 10 o 15 plumas
ahí en el escritorio. ¿Por qué no usas una de
esas?
—No, solo puedo usar mi bolígrafo favorito
porque siempre me trae buena suerte.
—¿Qué locura es esa? Escribir con un lápiz en
particular no tiene nada que ver con tu éxito.
—Tienes razón, pero es una costumbre que
tengo.
—Mira, como sigas molestándome con tales
tonterías, te dejo solo con tus supersticiones.
—¡No, chica! ¡No te vayas! ¡Sé compasiva! No
lo he encontrado aún y necesito que me ayudes a
buscarlo.
—¡No! Aun los más pacientes tienen su límite y
he llegado al mío. Adiós.

D. Answers will vary. Some examples: …Un *pueblo*
invisible de *desterrados*… mira con una *tristeza
sin fondo*…; …el animal tiene una desarmada
inocencia infantil…; …languidecen en jaulas…,
enloqueciendo poco a poco de soledad y
aburrimiento...; Difícilmente se pueden sostener

esas miradas de *angustia* abismal…, …el chimpancé viejo…se acomoda en [la copa] mirando hacia la hermosa lejanía, gimiendo de *felicidad*.

E. Answers will vary.

CAPÍTULO 3

3.1

A. 1. angulosa 2. bermejo 3. desdibujadas 4. vetustez 5. amarilleaban 6. desconchada 7. solar 8. sórdidas 9. hierbajos 10. gorriones 11. vigas 12. apocado 13. bagatelas 14. timidez 15. turbaban 16. elogios 17. visita 18. desmesuradamente 19. advertía 20. ajuares 21. huellas 22. adivinar 23. ternura 24. pesadumbre 25. envilecidos 26. revoloteaban 27. silvestres 28. escombros 29. boj

B. 1. b 2. a 3. c 4. b 5. c 6. a 7. b 8. c 9. c 10. a 11. b 12. c 13. a 14. b 15. a 16. c 17. a 18. a

3.2

A. 1. me duelen 2. faltan 3. Me gustaría 4. me parece 5. me costará mucho 6. no me queda 7. le sorprendería (le extrañaría) 8. me encantaría 9. me sobra 10. me resulte

B. 1. te toca 2. me parece 3. Faltaban 4. les molestan 5. les fascinan 6. les quedó 7. le cayó 8. me ha costado 9. los pone 10. le dolían

C. Answers may vary.
1. Nos interesan las reglas de gramática.
2. Me importan los derechos civiles de todos los ciudadanos. 3. A Luis y a Esteban les molesta tener que estacionar muy lejos de la universidad 4. Sé que a ustedes les preocupa la preservación del medio ambiente. 5. Me fascina la idea de la inteligencia artificial. 6. Nos encanta montar en bicicleta durante el verano. 7. A Ernestito y a Gustavito les daba miedo estar en casa solos durante una tormenta. 8. Me enojan mucho los choferes que manejan por encima del límite de velocidad

D. Answers will vary.

E. 1. nos sobra 2. a) me resultó b) me quedó c) le hacía falta 3. te extraña 4. me cayeron 5. las pone 6. me dolía 7. les encanta 8. los pone 9. le dolían 10. nos faltaban 11. a) me costó b) me quedara (quedase) 12. a) le cayó b) le disgustaron 13. me ha fascinado 14. les conviene

F. Answers may vary.
1. A Marcos se le olvidó traer la tarea a clase.
2. A los trabajadores se les cayó el piano y se les rompió. 3. Se me escapa la palabra que necesito para esta frase. 4. A Laura se le soltaron los caballos y se le perdieron. 5. Marisol y Javier trabajaban con el ordenador cuando se les decompuso. 6. No se me ocurrió pedirle más tiempo al profesor para mi proyecto de clase.
7. Como bailaba tan enérgicamente, a Reinaldo se le rompieron los pantalones. 8. Durante el examen, ¿se te olvidaron las formas irregulares del pretérito? 9. No pudimos entrar en casa porque se nos quedó la llave adentro. 10. Se me cayó el cigarrillo encendido y se me quemó el mejor mantel de mi mamá.

G. 1. deshecho 2. atraído 3. pospuesto 4. oído 5. muerto 6. envuelto 7. previsto 8. abierto 9. resuelto 10. descubierto 11. dicho 12. suscrito 13. roto

H. 1. he tenido 2. conseguí 3. creí 4. estaban 5. tuve 6. salí 7. acababa 8. había ido 9. se descompuso 10. había tenido 11. Bajé 12. volví 13. había vendido 14. vi 15. empecé 16. es 17. Hace 18. saqué 19. se descompuso 20. dijo 21. ha pasado 22. hizo 23. hice 24. quiero 25. va 26. encontró 27. había remolcado 28. creía 29. iba 30. fue 31. Hacía 32. funcionaba 33. se paró 34. llevaba 35. había pasado 36. había perdido 37. quiso 38. fui 39. indiqué 40. se negó 41. había revisado 42. había vencido 43. Me di cuenta 44. quería 45. Me enojé 46. dije 47. he repetido 48. vale 49. ha arreglado 50. se ha descompuesto 51. he visto 52. debe 53. subí 54. había estacionado 55. conduje 56. llegaron

I. Answers may vary.
1. Hacía 25 años que trabajaba de maestro.
2. Hace cuatro días que terminamos el capítulo 2.

3. Hace… años que los Muñoz viven en Quito.
4. Hacía cuatro horas que Héctor estaba en la
fiesta. 5. Hacía diez años que Luisa y José
vivían en Santander. 6. Hace tres horas y media
que Raquel no puede dormirse. 7. Hace… meses
que no vemos a los Hernández. (Hace… meses
que visitamos a los Hernández.)

J. 1. ¿Dónde has estado? ¡Te he buscado por todas
partes! 2. Hace semanas que no vemos al gato.
3. Me pregunto por qué Javier no me ha llamado
últimamente. 4. Lo siento, Sra. Santos, pero el
Sr. Soto ya se ha ido. ¿Tenía Ud. una cita
con él? 5. Yo acababa de lavar el coche cuando
empezó a llover. 6. Cuando llegué a la
fiesta de cumpleaños, me di cuenta de que
se me había olvidado traer el regalo. 7. La quise
llamar, pero se me había olvidado su número
de teléfono (Quise llamarla, pero se me había
olvidado su número de teléfono).
8. Parecía que Ana se había casado con
Eduardo la semana anterior. ¡Hacía solo tres
meses que lo conocía! 9. Mis padres todavía
no han regresado/vuelto de sus vacaciones.
Estoy seguro/a de que han estado divirtiéndose
(Estoy seguro/a de que se han estado
divirtiendo). 10. Maribel acababa de encender
el cigarrillo cuando se dio cuenta de que
estaba prohibido fumar dentro de la estación
de autobuses, pero nadie la había visto y lo
apagó. 11. Hace semanas que estamos
pintando la casa, y todavía no hemos terminado.
Este proyecto nos ha costado mucho trabajo.

3.3

A. 1. señorito 2. vocecita 3. cosilla 4. criticón
5. cervecita 6. gritona 7. gordinflón 8. patineta
9. hombrón 10. mujercita

B. 1. parecen 2. mira hacia delante 3. miró a (se
fijó en) 4. miró de arriba abajo (de pies a
cabeza) 5. investigó 6. se va (parece)
7. cuida 8. miré con admiración (respeto)
9. examinar 10. daba a 11. mira 12. miró a la
cara (a los ojos) 13. miraron en otra dirección
14. me parezco a 15. buscar 16. tienes
cuidado 17.busqué 18. no apreciaban
(miraban con desprecio) 19. Parece
20. miro hacia atrás 21. esperaba con
ansiedad (con ilusión)

3.4

A. 1. d 2. b 3. c 4. a 5. f 6. h 7. g 8. e 9. j
10. k 11. i 12. l

B. Answers will vary.

C. Answers will vary.

CAPÍTULO 4

4.1

A. 1. citarse 2. tipo 3. ganó de mano 4. tenía la
palabra 5. madrugada 6. pese a 7. consciente
8. estrepitosamente 9. embarrada 10. porquería
11. disculpaba 12. plata 13. alunado
14. apestaba a 15. respiro 16. ambiente
17. apagada 18. desalmada 19. buena gente

B. 1. b 2. a 3. b 4. b 5. a 6. c 7. a 8. c 9. b
10. a 11. b 12. a 13. c 14. c 15. b

4.2

A. 1. digas, hayas dicho, dijeras (dijeses), hubieras
(hubieses) dicho 2. veamos, hayamos visto,
viéramos (viésemos), hubiéramos (hubiésemos)
visto 3. muera, haya muerto, muriera (muriese),
hubiera (hubiese) muerto 4. dé, haya dado, diera
(diese), hubiera (hubiese) dado 5. haga, haya
hecho, hiciera (hiciese), hubiera (hubiese) hecho
6. sepan, hayan sabido, supieran (supiesen),
hubieran (hubiesen) sabido 7. traigas, hayas
traído, trajeras (trajeses), hubieras (hubieses)
traído 8. conduzca, haya conducido, condujera
(condujese), hubiera (hubiese) conducido
9. pidan, hayan pedido, pidieran (pidiesen),
hubieran (hubiesen) pedido 10. sean, hayan sido,
fueran (fuesen), hubieran (hubiesen) sido

B. 1. A Marco le disgusta que haya llovido tanto
últimamente. 2. El entrenador exhortó a los
jugadores a que jugaran (jugasen) lo mejor
posible. 3. Elena no ha logrado que su marido le
compre un coche nuevo. 4. Mis padres me
exigían que limpiara (limpiase) el cuarto una vez
a la semana por lo menos. 5. Mi tía se opuso a
que mi primo me acompañara (acompañase) a la
fiesta de Reinaldo. 6. Le he suplicado a mi tía
que deje que Antonio salga conmigo.

C. 1. Mis padres se alegraron de que ganara
(ganase) la competencia de natación. 2. A mi
cuñada le indigna que mi hermano no la ayude

con los quehaceres domésticos. 3. A mí me daba lástima que hubiera (hubiese) tanta gente desamparada. 4. A todos nos admira que nuestro candidato preferido no aspire a gobernador del estado. 5. A Timoteo le extraña que haga tanto tiempo que no lo llamo. 6. Mi hermana se sentía avergonzada de que su novio hubiera (hubiese) tenido que pasar la noche en la cárcel.

D. 1. les, hicieran (hiciesen) 2. te, saques 3. me, les, mintiera (mintiese) 4. nos, le, traigamos 5. le, durmiera (durmiese) 6. le, muestren 7. nos, supiéramos (supiésemos) 8. le, les, sirva 9. te, traduzcas 10. a) le, diga, b) se enoje, c) le, informe 11. le, sacara (sacase), fuera (fuese) 12. les, tuvieran (tuviesen) 13. nos, lleguemos 14. les (os), jueguen (juguéis) 15. le, les, diera (diese) 16. nos, nos pusiéramos (pusiésemos)

E. Answers will vary

F. Answers will vary.

G. 1. a) quisiera (quisiese) b) iba c) mostrara (mostrase) d) gustaba 2. sepas 3. nos divirtamos 4. fuera (fuese) 5. recojas 6. a) hiciera (hiciese) b) practicara (practicase) c) dijera (dijese) 7. a) cruce b) atropelle 8. a) haya estacionado b) quede 9. a) devolviera (devolviese) b) asistir 10. a) paguemos b) dé c) debe 11. a) repitiera (repitiese) b) podía 12. tradujeran (tradujesen) 13. cruzáramos (cruzásemos) 14. a) ir b) haya 15. a) fueran (fuesen) b) salir 16. a) se durmieran (durmiesen) b) estuvieran (estuviesen) 17. repitiéramos (repitiésemos) 18. a) consiga b) encontrar 19. a) recojas b) mande c) hacerlo 20. a) se acuesten b) descansar 21. a) volvieran (volviesen) b) fueran (fuesen) 22. pensaba 23. supiéramos (supiésemos) 24. haya 25. a) busque b) sé 26. se diviertan 27. salieras (salieses) 28. mintieran (mintiesen) 29. a) pidiera (pidiese) b) prestara (prestase) 30. haya llegado 31. beber 32. iba 33. a) tomara (tomase) b) me sorprendí c) fuera (fuese) 34. a) acompañara (acompañase) b) sepa 35. a) te enfades b) tocaras (tocases) 36. se quedara (quedase) (hubiera quedado) (hubiese quedado) 37. siguieran (siguiesen) 38. supiera (supiese) 39. a) haya entrenado b) gane 40. a) hablen b) es 41. a) salieran (saliesen) b) quedarse 42. a) tener b) hay 43. siguiera (siguiese) 44. prestara (prestase)

45. a) haya llovido b) dejara (dejase) 46. tuvieras (tuvieses) 47. trajera (trajese) 48. iban 49. habrá 50. vaya 51. a) amara (amase) b) había 52. traiga / traerá 53. hubieran (hubiesen) engañado 54. juega 55. quiere / querrá 56. vaya 57. Haya

H. 1. Tráigamelo Ud. 2. Pongámosela 3. no se la hagas 4. Que lo barra Marco 5. Díselo 6. roguémoselo 7. búscame 8. Entréguensela Uds. 9. no te la pruebes 10. no me los consigan (Uds.) 11. Que los/os ayude Luisa 12. no salgas 13. explíquenselo (Uds.) 14. Pídesela 15. Empiécela (Ud.) 16. no me los traigan (Uds.) 17. no los practiquemos 18. págasela 19. ponla 20. no me las traduzcas 21. Déselas (Ud.) 22. No lo usen (Uds.) 23. Sépalos (Ud.) 24. No se lo recomienden (Uds.) 25. dala 26. Devuélveselo 27. subámoselo 28. Llegue (Ud.) 29. créanmelas (Uds.) 30. Que lo acompañe Sara 31. Estúdienlos (Uds.)

4.3

A. 1. se enmascaró 2. enlodaron 3. se ha encarecido 4. se abarataron 5. embrutecen 6. se endeudan 7. atardecía 8. adelgazar 9. se amontonaban 10. se enorgullece 11. se agigantaba 12. se ensucia 13. ennoblecieron 14. se acaloró 15. los enceguecía

B. 1. sino 2. sino que 3. pero 4. pero 5. pero 6. pero 7. sino 8. pero

C. 1. sino 2. menos (salvo, excepto) 3. sino que 4. pero 5. sino 6. sino 7. pero 8. sino (más que) 9. pero 10. menos (salvo, excepto) 11. pero 12. sino 13. a) sino (más que) b) pero 14. sino 15. a) sino que b) más que (sino) 16. pero 17. sino que 18. sino 19. sino que 20. sino (más que) 21. pero 22. sino 23. a) menos (salvo, excepto) b) pero c) sino que

4.4

A. Cuando vi a Luisa por primera vez, supe que iba a ser mi esposa; era la mujer más bella que había visto en mi vida. Claro, tenía el pelo oscuro y largo, ojos luminosos y un cuerpo divino, pero su atracción iba más allá de lo corporal. Lo más llamativo de ella era su espíritu; sentí su presencia como si me bendijera un ángel. Cuando se lo dije a los amigos que estaban conmigo esa noche trataron de desanimarme, pero ni las tachas que le puso Enrique, ni la crítica de Luis, con quien ya estoy peleado, ni las cosas negativas que comentó Jorge, pudieron disuadirme, sino que me convencieron aun más que había conocido a mi futura esposa. Curiosamente, después de que nos habíamos casado, Luisa confesó que esa primera noche, al verme, yo no le caí bien de ninguna manera y que nunca habría salido conmigo si Esteban, su antiguo novio, no hubiera cancelado la cita que tenía con ella para esa noche.

B.   Answers will vary.

C.   Answers will vary.

CAPÍTULO 5

5.1

A.   1. filósofa 2. cabe de la dicha 3. a primera vista 4. plano 5. vínculo 6. a flote 7. debido a 8. herramientas 9. cifra 10. llama 11. cercanía 12. de carne y hueso 13. confianza 14. incluso 15. lecho de rosas 16. involucrados 17. a punta de 18. dañar 19. huso horario 20 incertidumbre 21. se quedan cortas 22. meta 23. enfocarse 24. lograr 25. canales 26. espinosos 27. álgido 28. a la carrera 29. reclamos 30. encendido 31. no obstante 32. encerrada 33. rechazar 34. más allá de 35. celos 36. pende de un hilo 37. señalan 38. riesgoso 39. retos 40. red 41. traslados 42. multinacionales

B.   1. b 2. a 3. b 4. c 5. b 6. a 7. c 8. c 9. b 10. a 11. c 12. c 13. b 14. a 15. c 16. b 17. c 18. c 19. b 20. a 21. c 22. a 23. b 24. c 25. a

5.2

A.   1. apoyáramos (apoyásemos) 2. a) diga b) limpies 3. llegar 4. había arreglado 5. se prepare 6. haya llamado 7. a) sean b) vuela (ha volado) 8. fuera (fuese) 9. se divierta 10. seguir 11. a) tiene b) gane

B.   1. d 2. c 3. e 4. a 5. b

C.   Answers will vary.

D.   Model answers:
1. ...quería oír / ...quiera oír 2. ...dijo / ...diga (dice) 3. ...vi / ...vea 4. ...fui allá / ...vaya allá 5. ...él indicó / ...él indique

E.   Model (possible) answers:
1. a) Cualquiera que nos hablaba era atendido en seguida. b) Cualquiera que nos hable será atendido en seguida. 2. a) Dondequiera que viajaba, encontraba gente amable. b) Dondequiera que viaje, encontrará gente amable. 3. a) Siempre compra cualquier cosa que ella le pide. b) Comprará cualquier cosa que ella le pida. 4. a) Comoquiera que lo prepara, lo prepara bien. b) Comoquiera que lo cante, lo cantará bien.

F.   1. Ganaremos, cueste lo que cueste. 2. Pase lo que pase, iré contigo. 3. Quieras o no, tienes que estar de acuerdo. 4. Que yo sepa, no lo decidiremos hasta mañana. 5. No nos queda mucho dinero que digamos.

G.   1. haya 2. ofrece 3. tomes 4. a) encuentre b) cueste c) cueste 5. a) se despertaran (despertasen) b) llegar 6. a) hubiera (hubiese) b) teníamos c) contestar 7. a) Quieras b) sigas c) recibir 8. llegaran (llegasen) 9. encontráramos (encontrásemos) 10. a) sean b) tengo 11. a) decían b) insistan c) hace d) quiere e) quieran 12. a) comprar b) costara (costase) c) costara (costase) d) trabaje 13. a) había b) entendiera (entendiese) 14. a) fuera (fuese) b) tratara (tratase) c) hicieran (hiciesen) d) tenía e) gustara (gustase) f) había g) pudiera (pudiese) h) decir i) forzara (forzase) j) fuera (fuese) k) mostró l) se vendían 15. haya oído 16. a) casar b) quisiera (quisiese) c) sugerí 17. sepa 18. a) vaya b) hablaré 19. a) haya traducido b) hace 20. a) pudiera (pudiese) b) encontrar c) se vendía d) gustaba 21. a) dijera (dijese) b) era c) dije d) se podía 22. a) perdonaría b) necesito c) se preocupe d) creo e) necesita f) pase g) pase h) pienso 23. a) leas b) empezar c) contestarlas 24. a) costara (costase) b) encontraran (encontrasen) 25. cocine 26. me esfuerce 27. a) sepa b) es (será) c) asistas d) quieras 28. a) regresa b) entienda c) conviene d) estudiar e) relajarse 29. a) quiere b) controlen 30. sea 31. tuviera (tuviese) b) prefería

32. cuesta 33. practiques 34. a) leyera (leyese)
b) supiera (supiese) 35. ha parecido (parece)
36. protejamos 37. a) haya b) sepa c) dé
d) sean e) exijan

5.3

A. 1. a) bloguero b) página web c) videojuegos
d) enlace 2. a) navegar b) red c) programa
d) sitios 3. a) procesador de textos b) ratón
c) sombrea resalta c) copiar d) herramientas
f) pega g) insertar h) teclado 4. a) dirección
electrónica b) arroba c) envías d) correo
electrónico e) adjuntar 5. a) descargar b) flecha
c) ícono (icono) d) cliquea (haz clic) e) pantalla
f) carpeta g) se archive (se guarde) 6. ciberacoso
7. a) actualizarlo b) copia de seguridad
c) archivos d) disco duro d) actualizar e) tableta
digital 8. a) borrar b) arrastrarlo 9. clave
(contraseña) b) página de inicio c) computadoras

B. 1. anda 2. no (se) andan con contemplaciones
3. Anda 4. anduvo 5. ande con 6. ando bien de
dinero 7. andándote en 8. Andar en taxi
9. andaba 10. se ande en la nariz 11. andaba
escasa de tiempo 12. andar en 13. andaba por
los 70 14. andar(se) con rodeos 15. anda
16. anduvieron 17. andaba

5.4

A. Cuando por fin me desperté, sufrí una
desorientación completa; nada me parecía
conocido. Donde había habido árboles, arbustos y
flores, ya solo se veían edificios y casas, algunos de
ellos aparentemente antiguos; donde había habido
campos y riachuelos, ya yo percibía solamente
calles adoquinadas y aceras estrechas. El cielo, que
yo recordaba ser de un azul cegador y en el que
flotaban nubes blanquísimas, redondas y grandes,
como si fueran galeras que navegaban por el
espacio, luego parecía un gris enfermizo, manchado
de nubezuelas que parecían estar ahogándose en la
nada que las devoraba. No. Tuve que reconocer la
verdad; ya no me encontraba en el mismo lugar, o
mejor dicho, en la misma época en que me había
dormido. Pero, ¿dónde?, ¿cómo?, ¡¡cuándo?!;
estaba ansioso por descifrar ese misterio.

B. Siempre me ha gustado el verano; hace buen
tiempo y siempre ando a gusto. Los árboles,
verdes y sombrosos, me parecen muy lindos; la
tierra, cubierta de hierba y salpicada de florecitas
vivas, aromáticas, me invita a pisarla descalzo; el
cielo, a veces azul, otras, casi de un blanco
cegador, da la impresión de ser un océano de aire
en el que las aves son peces que nadan por la
atmósfera líquida, como si estuvieran en un gran
acuario cósmico. Intento lo más posible pasar las
horas afuera porque siempre hay algo grato que
hacer, como ir al parque o tomar el sol; poder
hacer tales actividades es un verdadero placer. Sí,
ya sé, hay gente a quien le molestan los insectos
y los quehaceres veraniegos; a mí, no. Por
supuesto, no quiero ni pensar en la llegada del
otoño y los días de frío que promete traer;
mientras tanto, gozo del calor, saboreando cada
día estival.

C. Answers will vary.

D. Answers will vary.

CAPÍTULO 6

6.1

A. 1. hallazgos 2. propia de 3. huaqueros
(saqueadores) 4. Cuentan 5. al poco 6. pozo
7. osamenta 8. dieron con 9. cámara 10. al
parecer 11. no tuvo nada que ver 12. falda
13. madriguera 14. removida 15. cuentas
16. dio pista 17. con sigilo 18. pobladores
19. botín 20. Tras 21. enérgicas discusiones
22. reinaba 23. chaval 24. requisaron
25. comandancia 26. saqueadores (huaqueros)
27. cribaban 28. cetro 29. incrustado en
30. se hicieron cargo 31. a tiros 32. alentaban
33. saquearan 34. expoliadas 35. huir
36. tirotearon 37. tensó aún más 38. sitiados
39. pincel 40. ajuar funerario 41. al más allá
42. actualmente 43. profanada 44. brujos
45. conjuros

B. 1. a 2. b 3. c 4. a 5. c 6. b 7. a 8. c 9. b
10. c 11. b 12. a 13. b 14. c 15. a 16. c 17. a
18. b 19. a 20. c 21. a 22. c 23. b

6.2

A. 1. a) arreglar / que arreglen b) hayan hecho
2. a) leyera (leyese) b) saber c) había leído
3. se pusieron 4. se durmiera (durmiese)
5. consiga 6. nos quedáramos (quedásemos)

7. llueva 8. entendiéramos (entendiésemos)
9. diera (diese) 10. a) gustaba b) pidiera
(pidiese) 11. a) tuviéramos (tuviésemos)
b) costara (costase)

B. 1. a) creyera (creyese) b) quería 2. a) empezó b)
amaba 3. a) decía b) amara (amase) 4. a) dijo b)
fuera (fuese) 5. a) dice b) miente c) declara 6. a)
trate b) explicar 7. a) hubiera (hubiese) salido b)
empezar c) dijera (dijese) 8. desconfió 9. perdonara
(perdonase) 10. a) era b) había salido c) supiera
(supiese) d) se enterara (enterase) e) rompería
11. a) fracasara (fracasese) b) fuera (fuese)

C. 1. a) haya conseguido b) veamos 2. a) habrá
envuelto b) llegue 3. a) hubiera (hubiese) salido
b) nos conociéramos (conociésemos) c) dijera
(dijese) d) había conocido e) hubiera (hubiese)
querido 4. a) había escrito b) decidirse 5. a) se
había llevado b) visitamos 6. a) has puesto
b) llegue 7. a) expliqué b) necesitaba c) ayudara
(ayudase) d) pagara (pagase) e) pedía f) ayudara
(ayudase) 8. a) se había dormido b) se había
acostado 9. a) hayan dolido b) pueda 10. a) vio
b) gustara (gustase) 11. a) hayas hecho
b) te hayas bañado c) permitiré d) salgas
12. a) se despierten b) sean c) llegar d) esté e)
salgan 13. a) nos acostamos b) son 14. comerse
15. a) fuéramos (fuésemos) b) llegara (llegase)
c) iba d) bañarse e) se hubiera (hubiese)
maquillado f) se hubiera (hubiese) puesto
16. recibo 17. a) deben b) casarse c) estén
d) se aman 18. sepa 19. a) salgas b) cenemos
c) conozcas d) mueran e) se vayan f) salir
20. a) haya b) vuelva c) pienso d) entienda

D. 1. a) quieras b) diga c) hagas d) vuelva
2. a) machacaba b) estuviera (estuviese)
3. a) era b) hacer c) supieran (supiesen)
d) pudieran (pudiesen) e) hiciera (hiciese) 4. a) se
había sentido b) llamó c) salir d) dijo 5. a) cesara
(cesase) b) pide c) aprendamos d) se puede
e) había f) habríamos (hubiéramos) vuelto
g) queda h) pase i) se invente j) haya k) hayamos
estudiado l) deje 6. a) condujera (condujese)
b) tuviera (tuviese) c) quisiera (quisiese)
d) esperara (esperase) e) conseguir f) pagara
(pagase) g) iba h) gustara (gustase) i) costara
(costase) j) costara (costase), k) consiguiera
(consiguiese) 7. a) ofreciera (ofreciese)
b) tuviera (tuviese) c) hubiera (hubiese) d) puede

e) garantizar 8. a) se diera (diese) b) decían
9. a) llamáramos (llamásemos) b) termináramos
(terminásemos) / hubiéramos (hubiésemos)
terminado c) prometimos d) quería 10. a) veas
b) es c) acompañe 11. a) dieron b) me dormí

E. 1. Si trabajo, me pagan. / Si trabajaran, yo les
pagaría . 2. Si ella vive, estarán contentos. / Si
ella muriera, estarían tristes. 3. Si ayudamos a
los pobres, comerán mejor. / Si comieran mejor,
tendrían más energía. 4. Si lo piensas, verás que
tengo razón. / Si lo pensaras, entenderías mis
razones. 5. Si llovía, no íríamos a la playa. / Si
hubiera llovido, nos habríamos quedado en casa.

F. Answers will vary.

G. 1. gustaría 2. a) iba b) habría invitado
3. a) decía b) pararía c) me comportara
(comportase) d) estábamos e) sabía 4. a) hable
b) entendiera (entendiese) 5. a) habrían sido
b) llegara (llegase) 6. a) ves b) pida c) salí
7. habría habido (habría) 8. apareciera
(apareciese) 9. hubiera (hubiese) gastado
10. a) sepas b) invitara (invitase) c) saldría
d) fuera (fuese) 11. a) hable b) supiera (supiese)
12. ve 13. nos lleváramos (llevásemos)
14. a) hablaba b) hubiera (hubiese) sabido
c) estaba 15. se habría evitado 16. hubieran
(hubiesen) enseñado 17. a) tengo b) saques
18. a) limpies b) visite c) viera (viese)

6.3

A. 1. b 2. c 3. a 4. a 5. a 6. b 7. c 8. a 9. b
10. c 11. a 12. a 13. a 14. b 15. b 16. b 17. a
18. c 19. b 20. c 21. a 22. a 23. b 24. a 25. c

B. 1. Se hacía 2. Me puse 3. fue de él 4. llegó a
ser 5. se convirtió en (llegó a ser) 6. se volvió
7. me volví (hice) 8. se volvía 9. se metió a
10. se había hecho (puesto) 11. había sido

C. 1. se convirtiera (convirtiese) a 2. se pusieron
3. hacerme 4. llegó a ser 5. fue (se hizo) de
6. se metió a 7. Se hacía de 8. se quedó 9. nos
pusimos (volvimos) 10. meterte a 11. hacerme
12. llegó a ser 13. se ha puesto 14. fue de
15. se haga 16. se quedó

6.4

A. Querida Estela:
No entiendo... dudo que... pues, no sé qué
responderte. Cuando me escribiste: «Ya no

quiero verte más», se me ocurrieron dos preguntas: ¿Cómo puede ser? y ¿Qué hice yo? Yo creía que eras feliz—así me lo parecías— saliendo conmigo. Fuimos a tantos lugares: al cine, al teatro, a la playa... Después de todas nuestras citas y excursiones, siempre me decías lo mismo: «¡Cómo me encanta tu compañía!» ¿Qué ha pasado? ¿Yo me he convertido en un «Mr. Hyde»? ¿No fui para ti nada más que un «tour guide» que solo servía para distraerte? Recuerdo bien nuestra última conversación:

—¿Tendrías interés en acompañarme a una función de la ópera?

—¡Ay, claro, Antonio, me gustaría mucho, cuando quieras!

¿Así que ahora no quieres verme más? Esto me ha herido en lo más profundo. Me has... ¿Cómo pudiste...? Me quedo... No, no puedo creerlo— ¿Cómo creer que fueras capaz de tal abuso de mi afecto?—que quieras romper conmigo. Escríbeme pronto para...

B. Answers will vary.

C. Answers will vary.

CAPÍTULO 7

7.1

A. 1. albergues 2. hospedan 3. recorrido 4. narcos 5. reclame 6. fosa 7. destila 8. a lomos 9. polleros 10. fiscalía 11. enerva 12. circunspectamente 13. violada 14. tienden a 15. fiables 16. remolque 17. garrotes 18 maras 19. silbidos 20. en marcha 21. procurando 22. se resbalan 23. fallecen 24. tributo 25. corredor 26. elige 27. hueco 28. Se codicia 29. foco 30. se cohíban 31. atronador 32. angostos 33. traqueteo 34. asomarse 35. distinguir 36. pegada a 37. baja la guardia 38. despeñen 39. apeadero 40. polizones 41. justificación 42. discurre 43. veredas 44. se desperezan 45. amenazas 46. rodear 47. avejentados 48. desgasta 49. se despide 50. fusilaron 51. captar 52. estupor 53. dar por

B. 1. c 2. b 3. a 4. c 5. b 6. c 7. a 8. c 9. b 10. c 11. b 12. c 13. c 14. a 15. c 16. b 17. c 18. b 19. b 20. a 21. c 22. a 23. b 24. b 25. c 26. c 27. b 28. a 29. c 30.b

7.2

A. 1. el 2. el 3. el 4. el 5. los 6. el 7. el 8. la 9. el 10. el 11. el 12. la 13. el 14. los 15. el 16. el 17. la 18. los 19. el 20. los 21. la 22. la 23. el 24. la 25. el 26. el 27. los 28. los 29. el 30. las

B. 1. a) Una b) un c) un d) X e) una f) X g) un h) X 2. a) un b) una c) X d) X e) una f) una g) X h) una 3. a) una b) un c) unas d) una e) un f) X g) un h) una

C. 1. a) Los b) Las c) las d) lo 2. a) las b) las 3. lo 4. a) X b) al 5. a) X b) lo c) un d) el 6. a) el b) un 7. a) X b) X 8. lo 9. a) los b) el c) X 10. a) una b) la c) la d) X 11. a) X b) un 12. a) X b) el c) el d) del 13. a) Lo b) X c) el d) X e) la f) X g) el

D. 1. en 2. en 3. de 4. con 5. tras 6. contra 7. por 8. sin 9. Según 10. entre 11. desde

E. 1. e 2. b 3. a. 4. f 5. c 6. g 7. i 8. h 9. d

F. 1. a) a b) a 2. X 3. a 4. al 5. a 6. a) a b) a 7. a) a b) a 8. al 9. a) a b) X 10. a) a b) a c) al 11. X 12. a) a b) a 13. a 14. al 15. A

7.3

A. 1. guardaespaldas 2. sacapuntas 3. guardabosque 4. limpiaparabrisas 5. vaivén 6. bancarrota 7. matasanos 8. rompecorazones 9. hombre-mono 10. tragaluz

B. 1. a) se parece a b) parecen 2. parece 3. a) se parece a b) se parecen a 4. parece 5. parecerse 6. parece 7. se parecía a 8. parecen

7.4

A. Answers will vary.
1. le exclamó 2. preguntó 3. contestó 4. le protestó 5. le se quejó 6. le observó 7. repitió 8. le razonó 9. insistió 10. pidió 11. preguntó 12. gritó 13. le exclamó 14. murmuró 15. le razonó 16. le añadió 17. le exclamó

B. Answers will vary.

C. Answers will vary.

CAPÍTULO 8

8.1

A. 1. tramas 2. enrolladas 3. ambientación 4. lidiar 5. meten presa 6 se contenten 7. de paso 8. por todo lo alto 9. de la nada

10. cuenta 11. cubertería 12. lagaña 13. se le
funde el bombillo 14. han surgido 15. conquista
16. hacía caso 17. empresa 18. incongruencias
19. bachillerato

B. 1. a 2. b 3. a 4. c 5. a 6. c 7. b 8. b 9. a
10. b 11. c 12. b 13. b 14. a 15. a 16. c 17. c

8.2

A. 1. a) a b) a c) de e) del f) de g) del h) a i) al
j) de k) de
2. a) en b) en c) de d) En e) en f) en g) en
h) en i) en j) en k) en l) en
3. a) con b) con c) en d) con e) en f) en g) en
h) con i) En j) en k) con l) en m) en n) con

B. 1. X 2. para (a) 3. X 4. de 5. a 6. de 7. con
8. de 9. A 10. con 11. X 12. de 13. a 14. en

C. Answers will vary.

D. 1. a) de b) en c) al 2. a 3. X 4. en 5. a) en
b) a 6. a) a b) con c) de 7. a) de b) en 8. a) a
b) X c) X 9. a) de b) con 10. a) de b) con
11. a) de b) en (a) 12. a) en 13. a) En b) de c)
de 14. a) de b) con 15. a) X b) con c) de
16. a) a b) X 17. a) X b) de 18. a) X b) a
19. a) al b) de 20. a) con b) de c) de d) en

8.3

A. 1. discrepancy 2. bitterness 3. darkness
4. multitude 5. maturity 6. uneasiness
7. spirituality 8. drunkenness 9. weaknesses
10. cleanliness 11. adolescence 12. old age
13. making (manufacture) 14. humidity
15. strangeness 16. softness 17. resonance
18. craziness

B. 1. funcionaba (andaba) 2. corriendo 3. va
4. funcionaba (andaba) 5. se habían desbordado
6. corría 7. choqué con 8. rodeaba 9. iban a
costar 10. arrollé a / atropellé a. 11. dirijo
(administro) 12. venía 13. se nos acabaron
14. común y corriente 15. escaparme (huir)
16. tengo 17. gotea 18. haga 19. es cosa de
familia 20. correr el riesgo 21. endeudarme

8.4

A. 1. a) se dio cuenta b) fingió c) en realidad
d) una discusión acalorada 2. a) oratoria b) una
materia 3. a) aficionados (hinchas) b) asistieron
c) al partido d) jugó 4. de etiqueta

5. a) confianza b) consultorio (consulta)
6. guarda 7. a) Como b) pedir c) no le había
sentado bien 8. Los personajes 9. salió
10. a) Esa empresa b) fracasará 11. sutiles
12. único 13. a) mala fama b) el profesorado
14. siguiente 15. detuvo (impidió) 16. buen
17. presentó 18. se vio 19. el lomo 20. se le
voló 21. a) El discurso b) conmovió 22. perdió
23. la clave 24. a) echó b) pensaba 25. hacía
26. mantener 27. guardar 28. emitió 29. las
desinencias (terminaciones) 30. blando
31. a) entraron b) acalorado 32. despedir
33. a) tiene buenas intenciones b) sale

B. Answers will vary.

CAPÍTULO 9

9.1

A. 1. soñoliento 2. sobresalto 3. cana 4. a duras
penas 5. veredas 6. flaqueaban 7. monte 8. sin
sentido 9. vericuetos 10. de seguro
11. parroquia 12. vecindario 13. se había
embriagado 14. culto 15. comulgaba 16. ira
17. aligeró 18. ebrio 19. de espanto 20. enlazar
21. piadosos 22. alzarlo 23. había desfallecido
24. coco 25. botica 26. reconoció 27. liar
28. acometer 29. desasirse 30. acorralaron
31. fiera 32. burlarlos 33. intrincado
34. manantial 35. ahogarse 36. onda 37. arroyo

B. 1. a 2. b 3. b 4. a 5. c 6. b 7. c 8. a 9. c
10. b 11. c 12. b 13. a 14. c 15. b 16. c 17. a
18. c 19. b 20. a 21. c 22. c 23. b

9.2

A. 1. por 2. Por 3. para 4. para 5. por 6. por
7. para 8. Para 10. para

B. 1. por 2. para 3. por 4. por 5. para 6. por
7. por 8. para

C. 1. por otra parte 2. copas para (de) vino 3. por
consiguiente 4. remedios para el dolor de cabeza
5. llantas para la nieve 6. por desgracia 7. por
escrito 8. por ahora

D. 1. Para 2. para 3. a) por b) por 4. por 5. para
6. a) para b) por c) para d) Para e) por 7. por
8. a) para b) por c) por 9. a) por b) para
10. por 11. Para 12. Por 13. por 14. para
15. para 16. por 17. por 18. Para 19. para

20. por 21. para 22. por 23. a) por b) para
24. para 25. por 26. por 27. por 28. por
29. a) Por b) por 30. para 31. por 32. a) por
b) por 33. por 34. a) por b) para c) para
35. a) para b) para 36. a) por b) para 37. a) para
b) para 38. por 39. por 40. a) por b) para
c) para d) por e) para f) por g) para 41. a) por
b) para 42. a) Para b) Por c) por d) por e) Por
f) para 43. para 44. a) Para b) por 45. para

E. 1. e 2. d 3. a 4. f 5. b 6 c

F. 1. Después de 2. frente al (enfrente del) 3. fuera
del 4. a causa de 5. A pesar de 6. en vez de
7. delante de 8. al lado del 9. a través de (por)
10. dentro del 11. separada de 12. debajo de
13. además del 14. Antes de 15. a fuerza de
16. en cuanto a

9.3

A. 1. tomamos (cogimos) 2. tomar 3. se había
llevado 4. llevara (llevase) 5. quitársela 6. Sacó
7. echar (dormir) 8. dar 9. iba a despegar
10. tomado 11. hacer 12. tomarme

B. 1. quitar 2. despegara (despegase) 3. llevó
4. sacara (sacase) 5. Quítense 6. Tomaste
7. hacer 8. sacaron (tomaron) 9. dar 10. duerme
(echa) 11. tomar (coger) 12. tomarme
(cogerme) 13. se llevó 14. Tomamos

C. 1. d 2. f 3. a 4. b 5. g 6. c 7. h 8. i 9. j 10. e

D. Answers will vary.

9.4

A. Answers will vary.

B. Answer will vary.

CAPÍTULO 10

10.1

A. 1. incrédula 2. encastrado 3. muros 4. viscosa
5. panzonas 6. fundir 7. pendía 8. tinieblas
9. sobresaltada 10. fieltro 11. intrusa
12. veladores 13. de paso 14. harapos
15. política 16. pegajosas 17. ahumadas
18. monto 19. recomendada 20. contador
21. escalofríos 22. sombrío 23. augurios
24. se largara 25. antro 26. a coro
27. sin remisión 28. vagabundear
29. madreselva 30. se acodaban

B. 1. b 2. a 3. a 4. b 5. a 6. a 7. c 8. c 9. c
10. a 11. a 12. a 13. b 14. c 15. b 16. a
17. b 18. c

10.2

A. 1. coche deportivo italiano 2. el horrífico
accidente 3. el pobre camarero 4. La famosa
abogada 5. un joven estudioso 6. un día
magnífico 7. en vivos colores 8. El aburrido
orador, con discursos interminables 9. un
entendimiento profundo 10. su pierna rota
11. a sus lindos hijos 12. la depresión
atmosférica 13. Los prácticos romanos, el
mundo conocido 14. de tacón alto 15. un
hombre desagradable, sus sarcásticas
observaciones 16. gustos anticuados, los
muebles modernos

B. 1. las magníficas obras literarias 2. largos
cuentos imaginativos 3. una suntuosa cena
tailandesa 4. su impresionante fachada barroca
5. el conmovedor himno nacional

C. 1. Bellas Artes 2. pura coincidencia 3. fiesta
divertida 4. corto plazo 5. su santa voluntad,
libre pensador 6. Santo Padre 7. mala hierba
8. una solemne tontería

D. 1. coche nuevo 2. algodón puro 3. simple
solución 4. pura maldad 5. antigua novia
6. gerente mismo, al pobre hombre 7. propias
cosas 8. muchacho simple 9. hecho cierto
10. pueblo pequeño, ofrece diferentes atracciones
11. raros ratos 12. única estudiante 13. iglesia
antigua, nuevo estacionamiento 14. viejo amigo
Jaime 15. mismo día, casa propia

E. 1. paupérrima 2. mínimos 3. celebérrima
4. buenísimas (óptimas) 5. fuertísimo /
fortísimo 6. sapientísimo 7. pésima
8. grandísima

10.3

A. 1. resbalar 2. cuarenta 3. sangre 4. amistad
5. sueño 6. Cervantes 7. quejar 8. mugre
9. cabeza 10. enojo 11. azul 12. mover
13. escándalo 14. chillar

B. 1. falta 2. echo de menos (extraño) 3. a) faltó
b) perdió 4. di (acerté) 5. estaban desaparecidos
6. faltó poco 7. a) perderse b) perdió 8. a) se
había equivocado en b) faltó poco 9. faltaban
10. fracasar (fallar)

10.4

A. Answers will vary.

B. Answers will vary. Suggestions: María está aislada de la sociedad francesa no solo por ser de otro país y no tener empleo, sino también por ser mayor que los empleados con quienes tiene que tratar. Por ser más jóvenes, estos no tienen la experiencia necesaria para comprender su situación y acertar a darle la ayuda que necesita. La muchacha de la tienda se indigna cuando se entera de la suma de la factura y escribe una carta dirigida al Estado para protestar ante tal injusticia, pero la chica es muy joven para entender que las cartas de protesta no consiguen mucho frente a una burocracia intransigente y corrupta. De igual forma, el joven de la agencia de electricidad le advierte a María que la cuenta del señor Henry no marca nada, pero luego le aconseja que se mude sin pagar la factura, una medida que a María le parece poco honrada. Por último, cuando María vuelve a la agencia de electricidad para pagar la cuenta, a los dos jóvenes, vestidos con «camisas a cuadros» —hasta la ropa indica su falta de madurez—, les importa más terminar la semana laboral que sacar de apuros a una pobre señora. El narrador no tiene nada en contra de la juventud, pero sí la incorpora al desarrollo de la trama para resaltar aún más lo marginada que María está. No es que los jóvenes tengan malas intenciones, sino que les falta la madurez necesaria para comprender la situación de una persona mayor y ofrecerle la ayuda apropiada.

CAPÍTULO 11

11.1

A. 1. virulento 2. alcance 3. al menos 4. redacta 5. semejanza 6. se sustenta 7. vista 8. a partir de 9. así 10. iconográfica 11. se ha instaurado 12. papiro 13. móvil 14. apremia 15. se suprimen 16. se prescinde de 17. perspicacia 18. teclado 19. consta de 20. ordenador 21. toques 22. pulsaciones 23. emisor 24. suple 25. circunscriptos 26. arraigo 27. se superen 28. longitud 29. carencia 30. forje

B. 1. b 2. a 3. b 4. a 5. c 6. a 7. c 8. b 9. a 10. a 11. c 12. a 13. b 14. a 15. c 16. b 17. a 18. c 19. a 20. c

11.2

A. 1. tendrá 2. veremos 3. valdrá 4. vendrá 5. haré 6. saldrás 7. sabrás 8. pondré 9. cabremos 10. querrá 11. podrán 12. diremos 13. habrá 14. traerán

B. 1. ¿Quieres cerrarme esa ventana, por favor? 2. Dicen que hará mucho frío este invierno. 3. Saldremos para la playa tan pronto como deje de llover. 4. ¡Sarita, estudiarás esta lección hasta que la sepas! 5. Los niños no quieren limpiar su cuarto. 6. No te olvidarás de escribirme, ¿verdad? 7. ¿Y ahora qué hago?

C. 1. será 2. Estudiará 3. sabrá 4. dirá (pensará) 5. quedarán

D. 1. Daniel me prometió que tendría cuidado. 2. Le pedí a Raúl que me devolviera (devolviese) los libros que me había pedido prestados, pero no quiso. 3. Jorge dormiría mejor si no tomara (tomase) / bebiera (bebiese) tanto café por la noche. 4. ¿Te gustaría ir al cine conmigo? Deberías divertirte más. 5. Durante el verano, mis amigos y yo íbamos a la playa a menudo para nadar y tomar sol.

E. 1. serían 2. romperían 3. a) llamaría b) estaría 4. Se iría 5. diría

F. 1. e 2. f 3. g 4. c 5. h 6. b 7. a 8. d

G. 1. a) El anillo debe de estar perdido b) El anillo ha de estar perdido. c) The ring must be (is probably) lost. 2. a) Deben de ser las tres. b) Han de ser las tres. c) It must be three o'clock. 3. a) Alicia debe de tener trece años. b) Alicia ha de tener trece años. c) Alicia must be (is probably) thirteen years old. 4. a) Marcos debe de haberse ido ya. b) Marcos ha de haberse ido ya. c) Marcos must have left already. 5. a) Isabel debe de haber llegado ya. b) Isabel ha de haber llegado ya. c) Isabel must have (has probably) arrived already. 6. a) Leticia debe de saberlo. b) Leticia ha de saberlo. c) Leticia must know (probably knows) it.

11.3

A. 1. hipoteca 2. moneda 3. un endoso 4. plazo 5. caja chica (de menores) 6. inventario 7. declararse en quiebra (bancarrota) 8. pagaré 9. a) a plazos b) al contado

B. Answers will vary.

C. 1. tenga (tome) en cuenta 2. ajustarle las cuentas
3. la cuenta 4. cayó en la cuenta 5. me di cuenta
(de) 6. la cuenta 7. cuenta 8. cuentas
9. la cuenta regresiva 10. trabajar por mi cuenta
11. presentaba las cuentas del Gran Capitán
12. Hagamos (de) cuenta que 13. más de la
cuenta 14. a) En resumidas cuentas b) las
cuentas c) sacar la cuenta 15. a fin de cuentas
16. por tu cuenta

11.4

A. 1. compañía 2. doctora 3. Sociedad Anónima
(*Inc.*) 4. general 5. apartado 6. primero
izquierdo 7. su servidor(a) 8. licenciada

B. Answers will vary.

C. Answers will vary.

CAPÍTULO 12

12.1

A. 1. salvataje 2. paraje 3. culebra 4. célebre
5. enclavada 6. entrañas 7. yacimiento
8. ubicado 9. contaba con 10. casita
11. albergaba 12. recepción 13. estrellado
14. cantera 15. denominaron 16. allegados
17. veloz 18. derrumbe 19. sonda 20. detonar
21. provenientes 22. despistada 23. empedrada
24. víveres 25. colinas 26. sobrevivientes
27. desazón 28. se calcinaba 29. fogatas
30. angosto 31. emergido 32. fauces

B. 1. b 2. a 3. c 4. a 5. c 6. b 7. b 8. a 9. c
10. b 11. c 12. b 13. a 14. c 15. c 16. a 17. b
18. c 19. c 20. b

12.2

A. 1. a) Anoche nuestra tía se acostó a las diez.
b) Our aunt went to bed at ten last night. 2. a) Vas
a despertarte muy temprano, ¿verdad? b) You are
going to wake up very early, right? 3. a) Me bañé
el sábado por la noche. b) I took a bath Saturday
night. 4. a) Mi abuela se lavó la cara. b) My
grandmother washed her face. 5. a) Ernesto y su
hermano se compraron un auto. b) Ernesto and
his brother bought themselves a new car.

B. 1. me desperté 2. me hubiera (hubiese) olvidado
3. despertarme 4. quedarme 5. prepararme

6. me levanté 7. ducharme 8. me afeité
9. me cepillé 10. me sequé 11. vestirme
12. desayunarme 13. me comí 14. me fijé
15. me di 16. Me reí 17. me dirigí 18. me
desvestí 19. me acosté 20. dormirme
21. haberme equivocado

C. 1. se comió 2. se llevó 3. derretirse 4. se fue
5. se iba a cortar el pelo 6. se iba a retratar
7. tomar un descanso 8. se divertirá

D. 2. X 4. X 5. X 7. X

E. 1. Eso no se hace aquí. 2. Se come bien aquí.
3. ¿Cómo se baila este ritmo? 4. No se debe
hablar en la biblioteca. 5. No se sueña siempre
cuando se duerme.

F. 1. Apenas suena la alarma, el ladrón es detenido
por la policía. 2. La profesora no fue engañada
por la mentira de la estudiante la semana pasada.
3. La cena de anoche fue preparada por la prima
de Luisa. 4. Los ojos de Roberto serán
examinados por el oftalmólogo pasado mañana.
5. Mi tía fue operada tres veces por el mismo
cirujano el año pasado.

G. 1. estaba 2. están 3. fue 4. estaba 5. fueron
6. estaban 7. fue 8. estaban

H. 1. Se admira mucho a ese escritor. 2. Se la ama
mucho. 3. Se le encarcelará pronto. 4. Se les
respeta mucho. 5. Se me dio un premio.

I. 1. Se firmaron todos los contratos rápidamente.
2. No estamos acostumbrados a mentir.
3. A Rolando se le pidió que tocara (tocase) la
guitarra. 4. Se le permitió entrar. 5. Se habrá
ahorrado mucho dinero para el 15 de julio.
6. Después del accidente, el esquiador temía
que sus piernas estuvieran (estuviesen) rotas.
7. Era obvio que las flores habían sido traídas
por Jorge. 8. La comida ya estaba caliente
cuando llegamos. 9. Los informes fueron
revisados por el jefe. 10. Estoy seguro/a de
que la voz pasiva ya es entendida por todos.

12.3

A. 1. resma 2. colmena 3. paquete 4. fieles
5. tripulación 6. piara 7. enjambre 8. jauría
9. turba 10. vajilla 11. gavilla 12. servidumbre
13. cadena 14. arboleda 15. racimo
16. caravana 17. follaje 18. manada 19. plaga
20. recua 21. huerta 22. ejército 23. yunta
24. junta 25. regimiento

B. 1. me alejé de 2. avanza 3. en movimiento
4. conmovieron 5. se mudó 6. movió (ha
movido) 7. se mudó de 8. La jugada
9. acercarse a 10. se movía

12.4

A. Answers will vary.

B. Answers will vary.

CAPÍTULO 13

13.1

A. 1. blanduzco 2. víbora 3. juramento
4. ojeada 5. de plano 6. irradiar 7. se ligó
8. apresuradamente 9. rancho 10. abultamiento
11. puntadas 12. pantorrilla 13. quemante
14. hinchado 15. ceder de tensa 16. ronco
arrastre 17. estertor 18. caña 19. sabor
20. rugió 21. espantada 22. damajuana
23. desbordaba 24. relampagueos 25. ingle
26. caldeaba 27. incorporarse 28. palo
29. trapiche 30. palear 31. trasponía
32. disgustados 33. atracar 34. picada
35. en cuesta arriba 36. tendido de pecho
37. prestó oído 38. arremolinado 39. murallas
40. hoya 41. encajonaba 42. escalofrío
43. reponerse del todo 44. patrón
45. entenebrecido 46. efluvios 47. monte

B. 1. b 2. a 3. b 4. a 5. b 6. a 7. b 8. c 9. a
10. c 11. a 12. a 13. b 14. a 15. c 16. b 17. c
18. b 19. a 20. b

13.2

A. 1. descendiente 2. fulgurante 3. quemante
4. hablante 5. sobrante 6. deprimente
7. semejante 8. sonriente 9. doliente
10. cortante 11. sofocante 12. colgante

B. 1. una máquina de coser 2. una máquina de
escribir 3. Cesó de respirar 4. Dejó de hablar
5. tres años sin verlo

C. 1. encantadora 2. conversador 3. sorprendente
4. cansador 5. emprendedores 6. a) hirientes
b) cortante 7. amenazante 8. exigente

D. 1. Después de haber estado enfermo 2. Al oír
3. a) Antes de salir b) acababa de usar 4. hasta
recordar (acordarse de) 5. Sin prestarle atención

E. 1. poder 2. parecer 3. deber 4. sentir 5. ser
6. amanecer 7. pesar 8. haber 9. saber
10. anochecer (atardecer)

F. 1. Entrando el maestro en el aula 2. Sabiendo
que 3. Aun diciéndomelo tú 4. Estando en mi
lugar 5. Pensándolo bien

G. 1. Laura anda jactándose de su noviazgo con Felipe.
2. Paco dijo que venía a las diez. 3. Ayer estuvimos
trabajando todo el día. 4. Ramona se va recuperando
(va recuperándose). 5. Le escribo para pedirle
ayuda. 6. Hace horas que espero a Luis. 7. Después
de un breve descanso, Héctor siguió trabajando.
8. Llegamos (Vamos a llegar) pasado mañana.

H. 1. La vi salir/saliendo. 2. Me oyeron toser/
tosiendo. 3. La retrató bailando sola. 4. Los
recordábamos abrazándose unos a otros. 5. La
descubrí (sorprendí) llorando.

I. 1. a) Muerto su padre ayer, todos estarían de luto
hoy. b) If his father had died yesterday, everyone
would be in mourning today.
2. a) Una vez terminada la tarea, me sentiría bien.
b) If my homework were finished, I'd feel good.
3. a) Descansada, Elena volvería al trabajo.
b) If she were rested, Elena would return to work.
4. a) Devueltos mis apuntes, podría estudiar esta
noche. b) If my class notes were returned, I
would be able to study tonight.
5. a) Teñido el pelo, te verías mucho más joven.
b) If your hair were dyed, you would look much
younger.

13.3

A. 1. chocantes 2. poniente 3. humillante 4. entrante
5. amorosa 6. insultantes 7. indecorosa
8. ganador 9. hispanohablantes 10. pendiente

B. 1. ensordecedor 2. conmovedor 3. espeluznante
4. llamativo 5. desgarrador 6. deslumbrante

13.4

A. Answers will vary.

B. Answers will vary.

CAPÍTULO 14

14.1

A. 1. de boca en boca 2. descabelladas
3. enredado 4. picazón 5. había rascado

6. se había lastimado 7. se desbarató 8. grano
9. pierde la razón 10. alcantarillas 11. lanzados
12. atasco 13. patrañas 14. se fingió
15. testigos 16. escondite 17. cuchillas de
afeitar 18. cortantes 19. visos 20. pandilla
21. cautela 22. fidedignos 23. eficacia
24. corroe 25. se remoja 26. trozo 27. lleno
total 28. acontecimientos 29. montaje
30. se estrelló 31. desmienten 32. puesto en tela
de juicio 33. cantera inagotable de 34. se valen
de 35. ganchos 36. rebanar 37. relucientes
38. derrumbe 39. precipitó 40. dos dedos de
frente 41. inverosímiles 42. ponen los pelos en
punta 43. pasajero

B. 1. a 2. b 3. c 4. b 5. a 6. b 7. a 8. a 9. c
10. b 11. a 12. b 13. c 14. a 15. c 16. a 17. c
18. b 19. a 20. b

14.2

A. 1. que 2. quienes 3. a) que b) Lo que 4. quien
5. a) que b) que c) Lo que 6. quienes 7. que
8. quienes 9. a) que b) que 10. que 11. a) que
b) quien 12. a) lo que b) que c) quienes 13. que
14. a) quien b) que c) que 15. a) Lo que
b) lo que 16. quien (que) 17. lo que

B. 1. la que 2. La que 3. a la cual 4. a quien
5. las cuales 6. de quien 7. que 8. que
9. lo que 10. la cual 11. del cual 12. Los que
13. la cual 14. el cual

C. 1. lo cual (lo que) 2. quienes 3. lo que 4. que
5. la cual (la que) 6. la cual 7. quienes
8. a) que b) quien 9. el cual 10. a) que
b) lo cual 11. a) el cual b) lo cual

D. 1. lo que 2. quien 3. que 4. lo cual 5. que 6. la
cual 7. lo que 8. quien 9. lo cual 10. lo que
11. quien 12. el cual 13. que 14. quien 15. lo
que 16. la cual 17. que 18. el cual 19. los
cuales 20. que 21. lo cual 22. Lo que 23. la
cual 24. quien 25. que 26. la cual 27. quien
28. que 29. que 30. las cuales (las que) 31. que
32. el cual 33. quien 34. Lo que 35. lo que
36. que 37. lo que 38. lo cual (lo que)

E. 1. quienes (los que) 2. Ante quien(es) 3. a quien
(al que) 4. Quien (El que) 5. Los que (Quienes)
6. El (La) que

F. 1. cuyas 2. cuyos 3. cuya 4. cuyo 5. cuyas

G. 1. ¿De quién era ese cuento? 2. ¿Era ese el
cuento cuyo héroe muere? 3. No sé de quién era.

4. La joven cuyo marido acaba de llegar te
llama por teléfono. 5. ¿De quién era el reloj que
él se llevó?

14.3

A. 1. f 2. l 3. d 4. v 5. a 6. k 7. ñ 8. r 9 s 10. i
11. j 12. e 13. b 14. w 15. t 16. c 17. n 18. o
19. q 20. h 21. m 22. u 23. g 24. p 25. x

B. 1. el asiento trasero (de atrás) 2. de espaldas
3. el respaldo 4. el lomo 5. la espalda 6. su
sueldo atrasado 7. detrás de la casa 8. dar
marcha atrás 9. por detrás 10. estaba de vuelta
(regreso) 11. retrocedimos

C. 1. a) volverse atrás b) devuelva 2. a) el asiento
trasero (de atrás) b) la espalda 3. la parte de
atrás 4. a) atrás b) el respaldo c) de espaldas
5. a) vuelvas (regreses) b) el patio 6. el dorso
7. El lomo 8. a) retroceder b) viajar con mochila
(irse de mochilero) 9. contener 10. a) devolveré
la llamada b) vuelva/esté de vuelta (regreso)
11. el lomo 12. a) está entre la espada y la pared
b) respalde 13. el dorso 14. a) los números
atrasados b) el fondo / la parte de atrás (trasera)
c) la puerta trasera (de atrás) 15. fondo

14.4

A.1 Al envejecer, don Joaquín, un antiguo amigo
mío, va transformándose físicamente de una
manera llamativa; apenas se parece al hombre
que fue. En su juventud era robusto; ahora pesa
mucho menos de lo debido. De joven era alto,
fornido y moreno, su pelo más oscuro que el
plumaje de un cuervo; ahora no es ni alto, ni
fuerte, ni moreno; sino encorvado, enfermizo,
canoso. A pesar del hecho de que se haya puesto
débil, y que se le olvide constantemente cuál es
la hora, o el día, o hasta el año, lo esencial de mi
amigo no ha cambiado; sigue siendo una de las
personas más buenas, cariñosas y agradables que
conozco. Muchos se ponen quejosos con los
años, especialmente por los achaques que son
casi inevitables en la vejez; él, no. No voy a
decir que sea un santo, porque no hay ser
humano que no se irrite de vez en cuando; pero,
en general, al encontrarse con don Joaquín en la
calle, ya uno sabe que va a tener una
conversación amena. Así es don Joaquín; que
Dios lo guarde por muchos años más.

A.2 Nunca me ha gustado el invierno; hace mucho frío y siempre ando incómodo. Los árboles, desnudos y esqueléticos, me parecen muy feos; la tierra, cubierta de nieve y salpicada de hojas secas, no ofrece ningún consuelo; el cielo, a veces azul, otras, gris, da la impresión de una cubierta grande que trata de contener el aire enfriado, como si este contagiara el resto del mundo si no se contuviera. Intento lo más posible quedarme dentro, pero siempre es necesario salir para ir al trabajo o hacer las compras; tener que hacerlas es un verdadero suplicio. Sí, ya sé, hay gente a quien le encantan el tiempo frío y los deportes invernales; a mí, no. Solo espero ansiosamente la llegada de la primavera y los días de calor que trae; mientras tanto, aguanto el frío, imaginándome tendido en una playa de la Florida.

B.1 JULIO: María, ¿quién te informó que Raúl e Inés se habían casado?

MARÍA: La verdad, no recuerdo bien. ¿Sería la tía de él? Solo sé que sí, que ahora están casados. ¿Por qué querías saber eso?

JULIO: Es que lo vi solo hace un par de semanas y cuando le pregunté qué tal iban las cosas, a mí no me dijo nada de ningún casamiento. ¿Cuándo fue la boda?

MARÍA: Pues, según su tía, fue anteayer, en la iglesia de Santo Tomás. Me dijo también que asistieron como 60 o 70 invitados, y aun más según ella.

JULIO: ¿Cómo? ¿Y él no nos invitó a nosotros? ¿En qué habría estado pensando?

MARÍA: Sabrá Dios, pero, ¡qué sorpresa!, ¿no? ¡Quién iba a creer que Raúl iba a terminar renunciando a su vida de solterón!

JULIO: Tienes razón; yo nunca creía que fuera a casarse, y aún lo encuentro difícil de creer. Pero, claro, ojalá que los dos vivan muy felices.

B.2 JOSÉ: Buenos días, Luisa, ¿cómo estás?

LUISA: Muy bien, José, ¿y tú?

JOSÉ : Un poco preocupado.

LUISA: ¿Qué te preocupa?

JOSÉ: Un trabajo para una clase. ¿Te puedo pedir tu opinión sobre él?

LUISA: Sí, claro.

JOSÉ: Pues, la profesora de sicología quiere que escribamos un trabajo de 14 o 15 páginas para su clase y no sé aún sobre qué escribir. Solo se me ha ocurrido escribir sobre la caja de Skinner.

LUISA: ¿Pero, por qué? Hay muchos más temas posibles, aun miles.

JOSÉ: Ya lo sé, por eso necesito tu ayuda. ¡Aconséjame, por favor!

LUISA: Bueno, Pepe, pensándolo bien, tal vez sería mejor que trabajaras solo.

JOSÉ ¿Por qué?

LUISA: Porque si te sugiero un tema, luego querrás que te escriba el trabajo, y eso será engañar.

JOSÉ: No, chica, sé razonable, no quiero nada sino un tema. Es que la profesora espera que le dé mi trabajo este viernes y ¡no he escrito nada!

LUISA: Y a mí, ¿qué? Lo siento, Pepito, pero es mejor que hagas tu trabajo. Adiós.

JOSÉ: ¡No, Luisa, no me dejes así! ¡Estoy frenético!

C. Answers will vary.